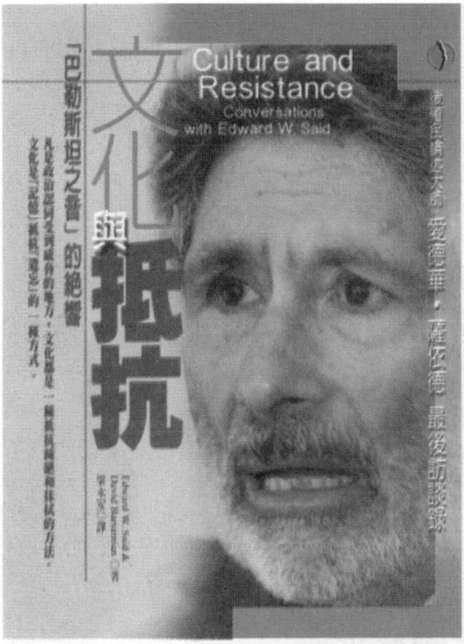

一生致力於巴勒斯坦人權運動的薩依德，於1991年前後罹患癌症，這十餘年來，仍奔波道途，罄其最後餘力，為巴勒斯坦人民的前途發聲。

這一系列的照片是1992年至2003年6月間所拍攝，是我們特別為本書的中譯版收集的，對照於本書的文字從1999年到2003年2月，以及他在2003年6月最後一次到貝魯特演講，距其去世僅3個月之遙，這樣的僕僕風塵，真正是「鞠躬盡瘁，死而後已」。

薩依德於2003年3月17日在埃及開羅的美國大學（American University）向全校師生講演。（法新社提供）

2003年6月薩依德最後一次的黎巴嫩之旅，於貝魯特的美國大學（American University）講演，同年9月25日即病逝於紐約。（達志影像提供）

2002年10月1日與好友知名以色列指揮家巴倫波因（Daniel Barenboim）攝於紐約。兩人曾合作一本探討音樂與社會的對話錄《並行與弔詭》（*Parallels and Paradoxes*）。兩人並於1999年帶領阿拉伯與以色列的青年音樂家們到德國威瑪公演。（美聯社提供）

2002年10月25日在西班牙北部歐威多（Oviedo），薩依德與指揮家巴倫波因在聯合記者會後握手留影。當日稍晚他們將共同獲贈2002年“Prince of Asturias Award for Concord”。（達志影像提供）

2000年7月3日薩依德在以色列與黎巴嫩南方交界的村落Kfar Kila。薩依德現身在一群天天聚集在以黎交界的黎巴嫩人群中，向以色列的哨所扔擲石頭。這群黎巴嫩人對著分隔國家的新藩籬扔擲石頭，來慶祝以色列五月的黎南撤兵。（美聯社提供）

1996年5月23日薩依德於奧地利薩爾茲堡一場尋找歐洲文化認同的座談會——歐洲藝術論壇上，面對二位歐洲整合進程發起人舒曼（Robert Schumann）和莫內（Jean Monnet），發表開場演說。（美聯社提供）

1992年攝於以色列。（達志影像提供）

文化與抵抗

Culture and Resistance

Conversations with Edward W. Said

後殖民論述大師 愛德華・薩依德 最後訪談錄

Edward W. Said & David Barsamian◎著
梁永安◎譯

識

巴薩米安（David Barsamian）

輯入本書的訪談錄曾分別刊登於《進步》雜誌（*The Progressive*）、《Z雜誌》（*Z Magazine*）、《第三世界甦醒》（*Third World Resurgence*）和《國際社會主義者評論》（*International Socialist Review*）。所有訪談都是在科羅拉多州博爾德市的KGNU電台播放。KGNU是美國首要的社區電台之一——而我有幸自一九七八年該台開播時就與它有所聯繫。其中兩次訪談曾經加以全國性放送，一次是透過「替代電台」（Alternative Radio），一次是透過「接觸」電台（Making Contact）。除第一、四、五章外，其餘的訪談都是面對面的。阿爾諾瓦（Anthony Arnove）是位傑出的編輯和戰友。我要感謝聖大菲「蘭納基金會」（Lannan Foundation）的資助。要感謝的還有耶路撒冷「巴勒斯坦國際事務研究學會」（Palestinian Academic Society for the Study of International

Affairs，簡稱 PASSIA）的哈迪博士（Dr. Mahdi Abdul Hadi）惠允使用該會的地圖和坎德爾（Rebecca Kandel）惠允使用見於本書的照片。我特別感激薩依德撥冗接受訪談。我認為，跟他談話的時光是我最獲益良多的經驗。

文化與抵抗

【目錄】本書總頁數共296頁

導論／巴薩米安（David Barsamian）

Introduction

「我無法過一種沒有擔當或懸浮的生活，我不遲疑於公開表白我對一個極不熱門的政治追求的親附。」薩依德寫道。①

一九六七年的以阿戰爭激起了他的政治熱忱。一年後，他的第一篇政治論文〈被定型的阿拉伯人〉（The Arab Portrayed）面世了。一九六九年，以色列總理梅爾夫人（Golda Meir）一番惡名昭彰的話惹惱了薩依德：「看來沒有巴勒斯坦人這回事……他們並不存在。」他毅然決定「接下這個微微荒謬的挑戰，也就是去否證她，去清楚說出一段有關失喪與剝奪的歷史。這是一段必須解救出來的歷史——一分鐘一分鐘、一個字一個字、一英寸一英寸地解救。」②

自此多年以來，他一直是巴勒斯坦解放運動在美國的主要代言人。

「為巴勒斯坦人說話是一件吃力不討好的事……你得到的回報只是羞辱、謾罵和排斥……我有多少朋友避談這個話題？我有多少同事不願捲入巴勒斯坦的爭論？又有多少自由派人士有時間為波斯尼亞、車臣、索馬利亞、盧安達、南非、尼加拉瓜或越南的人權和民權請命，卻置巴勒斯坦和巴勒斯坦人於不顧？」③

他就巴勒斯坦問題所作的高分貝發言讓他付出了不少代價。他被污衊為「散播恐怖的教授」。猶太人防衛聯盟（Jewish Defense League）稱他為納粹。他位於哥倫比亞大學的辦公室被縱火。他與家人都「收到數不勝數的死亡恐嚇。」④

超過十年時間，薩依德都是巴勒斯坦國民議會（Palestine National Council, PNC）的一員，但阿拉伯的民族主義者卻對他怒氣十足。這不但是因為他主張「以色列猶太人與巴勒斯坦阿拉伯人和平共存的觀念」，也是因為他認識到「不存在軍事選項」。他寫道：「我對『武裝鬥爭』的觀念非常不以為然，因為這種革命冒進主義只會導致無辜的平民死亡，無助於巴勒斯坦問題的政治改善。」⑤

自一九九一年退出巴勒斯坦國民議會後，薩依德成為阿拉法特和所謂的「和平進程」的主要批判者之一。當「奧斯陸協議」（Oslo Accords）於一九九三年十月在白宮的南草坪簽訂以來，他是一片樂觀氣氛中的罕有反對聲音。他一眼就看穿「奧斯陸協議」的底細，並稱之為「一紙巴勒斯坦的凡爾賽和約」（a Palestinian Versailles）

⑥。

「柯林頓就像個羅馬皇帝一樣，把兩個附庸國的國王拉在一起，讓他們握手言和。」他這樣告訴我。⑦

與這種政治積極主義齊頭並進的是他對人文學（humanities）的巨大貢獻。在《東方主義》（*Orientalism*）一書中，他教我們看穿文學對伊斯蘭教、阿拉伯人和中東的再現方式。他也揭發出知識怎樣被用來合法化和維護權力。《文化與帝國主義》（*Culture and Imperialism*）出版於一九九三年，它與《東方主義》並為薩依德重大文化研究工作的雙壁。

奇怪的是，儘管工作繁忙，但這位「文藝復興人」（Renaissance man）還是抽得出時間來彈鋼琴和撰寫音樂與歌劇方面的評論。他受到賽沙爾（Aimé Césaire）的一首詩的啓迪，並喜歡引用它：

但人的工作才剛開始
還有待人去征服
所有隱藏在他激情暗處的暴力。

沒有種族能獨佔
美、智與力，
而在勝利的集合點上
所有種族都會有一席之位。⑧

不經意地，詩歌在我第一次訪談他的時候幫了我一個大忙。我們在他哥倫比亞大學的辦公室見面，而我有一點點緊張。他一開始就問我是不是準備好「好問題」，這只讓我的緊張有增無已。要直到我提到當代巴勒斯坦大詩人達維希（Mahmoud Darwish）的一首兩行詩，我們的談話才開始熱絡起來。接下來的那些年，我對他進行了一系列的訪談，最後彙整成爲《筆與劍》（*The Pen and the Sword*）一書，由共同勇氣出版社在一九九四年出版。

要用筆墨形容薩依德的巨大活力、知性激發性和熱忱是很困難的。他喜歡透過談話交換意見。讀者也許會有興趣知道，他在接受訪談時都是隨問隨答的。我們沒有事先彩排，問題也沒有經他事先過目。

自一九九〇年代初期，薩依德就爲了對抗白血病而戰。他進進出出醫院，周而復始地接受治療。在這中間，他盡力寫作和講學。他的敵人希望他閉嘴，但誠如他在本書的其中一篇訪談裡說的：「除非我死掉，否則這種事不可能發生。」⑨

註釋

① Edward W. Said, "Between Worlds," *London Review of Books* 20: 9（May 7, 1998）See also Edward W. Said, *Out of Place: A Memoir*（New York: Knopf, 2000）.

② Edward W. Said, "The Arab Portrayed," in Ibrahim Abu-Lughod, ed., *The Arab-Israeli Confrontation of June 1967: An Arab Perspective*（Evanston: Northwestern University Press, 1970）, pp. 1-9. See also Said, "Between Worlds," and Noam Chomsky, *Fateful Triangle: The United States, Israel, and the Palestinians,* updated ed.（Cambridge: South End Press, 1999）, p. 51.

③ Edward W. Said, "Cherish the Man's Courage," in Eqbal Ahmad, *Eqbal Ahmad: Confronting Empire,* interviews with David Barsamian（Cambridge: South End Press, 2000）, p. xxviii.

④ Said, "Between Worlds."

⑤ Said, "Between Worlds."

⑥ Edward W. Said, "A Palestinian Versailles," *The Progressive* 57: 12（December 1993）: 22-26.

⑦ Edward W. Said, Interview with David Barsamian, *The Progressive* 63: 4（April 1999）.

⑧ Aimé Césaire, "At the Rendezvous of Victory," trans. C.L.R. James, quoted in Edward W. Said, *Culture and Imperialism*（New York: Knopf, 1993）,p.280. Edward W. Said, "A Palestinian Versailles," 22-26. David Barsamian, Interview with Edward W. Said, *The Progressive* 63: 4（April 1999）: 34-38.

⑨ See p. 82.

單一國家方案

A One-State Solution

一九九九年二月八日
科羅拉多州，博爾德，KGNU 電台

・阿拉法特（Yasir Arafat）的健康明顯欠佳。他會抖，形容憔悴。你對他的健康情況有什麼所知？

上星期我相當湊巧遇到阿拉法特的一個忠實追隨者（我們坐同一班機），他告訴我阿拉法特的健康好得不得了，只是有一點點抖，如此而已。但其他人卻相信他得了帕金森氏症，一個住在迦薩地帶、不久前見過他的醫生也是這種看法。不管怎樣，過去一年來見過阿拉法特而又跟我談過話的人都表示，他的靈活性和警覺性都大不如前。所以我懷疑帕金森氏症之說是眞的。儘管如此，他仍然抓住一切不放。大至國家文件小至下屬請假單都要經過他簽署。任何事情都要先經過他的辦公桌。他仍然是個雞毛蒜皮都管的總經理（micromanager）。他的大部份下屬（包括他的部長）都有怨言，卻沒能力改變什麼。

我覺得有一件很重要的事是大多數人都忽略的：阿拉法特是巴勒斯坦地區內最大一名雇主。除了臃腫的官僚體系以外，他的安全衛隊人數高達四萬。①這是非常沒有生產性的經濟部門。除此以外，拜他的消費習慣所賜，自治政府對任何下層建設毫無認眞的投資。所以，依我所見，巴勒斯坦現在的狀況是死水一灘，一天比一天壞，而這主要是歸咎於他的統治方法。他關心的只是抓牢權力，確保沒有對手挑戰他的地位或政治結構發生任何改變。就像約旦的統治者一樣，他的權力大部份都是以色列和美國所授與的。

主流媒體完全知覺不到有什麼正在發生著

・你的書從前在阿拉法特統治的地區被禁。現在還這樣嗎？

確實情況很難知道。你可以買得到它們。它們偷偷摸摸在流通。在一個電子郵件、影印和傳眞大行其道的時代，沒有什麼是眞的禁得了的。一年前我在那裡的時候，被一個雜貨店老闆認出（他也賣書）。他告訴我：「我有賣你的書，但都是放在櫃台下面，以防有『民族權力機構』②的人經過看到。」那是在希伯倫市（Hebron）。更諷刺稀奇的是，在我的書被禁的一年後，我收到資訊部長拉布（Yasir Abed Rabbo）——禁書令就是他簽署的——一封信，想徵得我的同意，讓他們可以在約旦河西岸出版我的書。③我當然不同意。

・以色列的情況怎樣？

可以買得到。

・其他阿拉伯國家呢？

視情況而定。我沒做過調查。在埃及和黎巴嫩幾乎都可以買到。我聽說我一些書在約旦被禁而另一些在不同的波斯灣國家被禁。但這是每一個作家都會碰到的事。那些國家行的是獨裁統治和君主專制，做什麼事全憑一時高興。哪個當政者看不順眼什麼，就會說：「我們不應該讓它流通。」於是那東西就被禁掉了。他們有時也會禁掉某一期的雜誌或某一天的報紙。所以情況是完全沒有一定的。但我從黎巴嫩那裡的出版商得知，在一些較大的波斯灣國家，例如科威特和沙烏地阿拉伯，《文化與帝國主義》的阿拉伯文譯本是被禁的。我想摩洛哥和突尼西亞也是同樣情形。阿爾及利亞的情形我不得而知，但我不認爲他們目前有進口很多書。

・自一九九三年十月「「奧斯陸協議」」簽訂以來，你對所謂的「和平進程」的批判就沒有停過。多年以來，主流媒體——至少是美國的主流媒體——都蓄意忽略你。不過，最近你的能見度卻大大增加。《新聞週刊》、《紐約時報》、全國公共電台、公共電視網都看得到你或你的文章。這意味著什麼？

我想這並不只是因爲我的批判奏效，而是有許多人現在已看出事實的眞相。我們剛才談到審查制度，而美國這裡也有一種變相的審查制度，那就是把你邊緣化。你上不了主流媒體。但現在的情形卻稍微有點不同，人們可以從網路上讀得到你發表在別處的東西——比方說我發表在阿拉伯國家報章的文章。《紐約時報雜誌》（*New York Times Magazine*）之所以會邀我寫一篇東西，談我爲解決以巴問題而提的雙民族國家（binational state）構想，就是因爲他們有人在網路上看過我的文章。④它的主編打電話給我。他說，事情已經很清楚，不只和平進程行不通，猶太復國主義也是行不通的。因爲這樣，他們想尋求一些新的見解。不過，我不認爲這代表美國媒體眞有什麼洗心革面的改變，而只不過表示他們願意朝旁邊瞄一眼：他們想要顯得有包容性，所以把我也納進去。這一點，只要看看一般媒體對最近一連串事件——

比方說和平進程在「瓦伊協定」（Wye agreement）後的凍結、以色列大選的逼近和約旦國王胡笙之死等等——說了些什麼就一清二楚。全都是老調重彈，同樣一套刻板印象，同樣一套舊的論述。那是一個不動如山的系統，完全不受事實或眞實的觸動。這是很讓人錯愕的。主流媒體完全知覺不到有什麼正在發生著。我還記得有一次應邀上公共電視網的《查理・羅斯秀》（*The Charlie Rose Show*）。⑤羅斯反覆要向我灌輸老掉牙的觀點，不讓我把任何一句話說完。我要說的話太惹人生氣了，他不允許我說出來。

公民權的標準不應該以種族為依歸

・為什麼現在你要呼籲建立一個雙民族的國家？

自從一九四七年底離開巴勒斯坦以後，近年來是我人生第一次會定期到約旦河西岸、迦薩地帶和以色列走走。去年我去了五次。我去得愈多次，對一個事實的印象就愈深刻：猶太人與巴勒斯坦人的人口分布是不可逆地交織在一起的。這是第一件會讓你震驚的事。以色列人有築路狂。他們在約旦河西岸和迦薩地帶築了很多路，但這些路是刻意避開巴勒斯坦人的城鎮和村莊的。儘管如此，這個地方太小了，巴勒斯坦人和以色列人是不可能完全不相往來的。其次，許多巴勒斯坦人被以色列雇去建築和擴大約旦河西岸和迦薩地帶的屯墾區。這眞是最大的諷刺之一。另外，也有些巴勒斯坦人在台拉維夫、西耶路撒冷和海法打工討生活，例如當餐廳侍者等。約旦河西岸的情形也是一樣。希伯倫之類的城市看得見屯墾者，更不用說的是耶路撒冷及其周遭地區，其中包括拜特哈尼那（Beit Hanina）這樣的巴勒斯坦人大鎮——它過去從不是耶路撒冷的一部份，但現在卻成了耶路撒冷市界的一部份。所以，不管以色列人和巴勒斯坦人的互動有多麼冷漠和帶有敵意，他們都是生活在同一個地方。這個事實，不是你把人們推到另一條邊界後面或另一個國家去所可以改變的。打從以色列入侵巴勒斯坦人的土地一開始，以色列人和巴勒斯坦人就已牽扯在一起。所有這一切，在我看來都意味著必須採取某種安排，讓人們可以和平生活在一起。和平，是不可能透過隔離實現的。

另一個我想也很重要的因素是，擁有以色列公民身分的年輕一代巴勒斯坦人的態度，他們的領袖是國會議員巴沙拉（Azmi Bishara）。他們一直跟以色列的猶太人住在一塊，但身分卻有如二等公民——有時甚至如同非公民，因爲他們沒有遷移或擁有土地的權利。他們強烈意識到了自己是被壓迫的少數族群，正展開爲民權和公民權而鬥爭。值得注意的是，他們受到世俗化以色列人非公開的支持。這些以色列人相當憂心教士階層的權力過大、法律會愈來愈宗教取向，以及正統派的力量會壓過保守派和改革運動。這一切匯聚爲一種重要的意見氣候（美國媒體對此又是隻字不提），人們開始談到制憲的問題（以色列是沒有憲法的），談到公民權的標準不應該以種族爲依歸，應該讓阿拉伯人擁有全面的公民權。這種發展趨勢讓我非常動容。我跟這兩邊的人都談過話，有分別談的，有一起談的。這是一個錯不了的思想趨勢。

第四個讓我有此想法的因素是人口學上的現實。到了二〇一〇年，巴勒斯坦人和以色列人的人口就會勢均力敵⑥。我談的不是全世界的巴勒斯坦人或全世界的猶太人。我談的只是以色列、約旦河西岸和迦薩地帶的情況。那地方太小了。南非要比以色列大二十倍，卻仍然維持不了種族隔離政策。以色列是四邊被阿拉伯國家包圍的，到巴勒斯坦人與以色列人的人口旗鼓相當之後，它更不可能把一種實際跟種族隔離無異的政策維持下去。如果你把中東地區其他巴勒斯坦人和阿拉伯人加進來，人數更是大大超過以色列。

把這些因素加在一起，讓我認爲除了建立一個雙民族的單一國家以外，沒有別的選擇。當然，這個目標要能實現需要相當長的時間，目前看來猶如一種烏托邦思想——有些人甚至會認爲是狂想。但只有這個奠基於平等願景的構想能讓人們活下去，而不是一心想著把對方消滅。我努力去激起人們討論和反省，看看有哪些辦法可以讓這樣的國家誕生或存活。

讓我們以他們的存在而不是他們的不存在思考他們

•你的包容主張和「單一國家」方案，跟猶太復國主義（Zionism）的一個舊流派是呼應的。

就像許多巴勒斯坦人一樣，我也讀過以往猶太復國主義者之間的內部爭論。我在這裡是用最寬廣的意義來使用「猶太復國主義」這個詞。他們中間有些人相當有器量，比方說布伯（Martin Buber）、鄂蘭（Hannah Arendt）和希伯來大學的第一任校長馬格內斯（Judah Magnes）。他們明白到，如果把侵略性的屯墾政策一意孤行下去而罔顧阿拉伯人的感受，雙方的衝突勢所難免。就連本－古里安（David Ben-Gurion）⑦

也說過，歷史上從未有一個民族會自己舉手相讓，任由另一個民族把他們的土地搶走。⑧所以猶太復國主義者早知道衝突在所難免。馬格內斯特別意識到這一點，他事實上是個理想主義者。

讀他的東西愈多，思索他的話愈多，你愈會發現他是走在時代前頭的，是個不平凡的心靈。有意思的是，他是個美國人。他說：「讓我們用更道德和更深刻的方式思考阿拉伯人問題。讓我們以他們的存在而不是他們的不存在思考他們。」我發現，這種精神或明或暗也見於新一代以色列歷史學家的作品中。他們爬梳各種歷史資料和檔案文件，重新檢視了以色列的國族論述，發現它的獨立和解放神話是奠基於對阿拉伯人存在的否定、或擦拭、或頑固的迴避。⑨以色列過去五十年來所做的事當然不是為了尋求安全。沒有安全是這個樣子的。以色列一直努力要維持一種隔離阿拉伯人的政策，但這種政策總有行不通的一天，這一方面是因為人口學上的趨勢，也是因為事實已經證明，巴勒斯坦人愈挨揍愈不肯屈服。他們甚至愈來愈決絕和頑強了。

所以那是一種清新的意見氣候，是從猶太復國主義內部產生的。我無意去否定它或批判它。但要知道它基本上是個猶太人內部的辯論，而不是發生在巴勒斯坦人與以色列人之間。布伯、鄂蘭和馬格內斯這些人確實想要照顧巴勒斯坦人的需要，可惜事情最後卻朝兩極化的方向走，這是因爲英國人滿肚子權謀，而猶太復國主義組織的領導班子——卡曾爾森（Berl Katznelson）、本－古里安和魏茲曼（Chaim Weizmann）⑩之流——又都是相當聰明的政客，讓馬格內斯這些**個人**——他們從頭到尾都只是一些**個人**——一點贏的機會都沒有。那是個相當有侷限性的辯論，我不認爲我們應該太高估其重要性。

我想，像我這一類有幸不用住在以色列或巴勒斯坦，不用面對日復一日壓力而可以站在一個距離外反省的人，該做的是引發討論和辯論，把敵對陣營的成員也引進討論之中。這種事情或多或少已經開始發生。現在巴勒斯坦與以色列的知識份子經常會對話，經常會舉行會議，但他們的討論不像過去那樣，是著眼以政府的方式解決問題，類似和平進程的一種附屬品。那一類的討論過去已經相當多，但都一事無成。現在的則是一種全新的討論，賴以奠基的是耐心的學術研究、仔細的檔案文件爬梳工作。它不是由有政治野心的人所發起。它主要是學術性的，參與者是些遠離主流政治而在學術界和知識份子圈擁有一定地位的人。這是一個相當新的現象。我不認爲媒體對這方面有足夠的關注，它們都是一心一意盯著邁向失敗的和平進程的動向。

•以色列本土有二十%左右的公民是巴勒斯坦人。[11] 一九九八年底，你曾經有機會在你母親的出生地拿撒勒（Nazareth）跟他們其中一些人談話。但你們談話的場地有個匪夷所思的名字叫「法蘭克・辛納屈堂」（Frank Sinatra Hall）。

那是法蘭克・辛納屈捐錢蓋的，他是以色列的大力支持者。我想那是一九七〇年代的事。他被說服，在拿撒勒蓋一座場館。拿撒勒是一個以阿拉伯人佔大多數的城鎮，但也住著些猶太人，主要是住在拿撒勒上城區。其原初構想是蓋一個運動場地，供阿拉伯和猶太少年一起打籃球。雖然場地蓋好了，但顯然沒有能發揮功能。後來它被以色列總工會（Histadrut）所接收。經過一段時間，它成爲一個出租的場地。你可以租它來開晚會或舉行什麼活動。我注意到，那地方除了有個大禮堂，還有一家咖啡館、一家酒吧和一個撞球場，是個人們聚會的好地方。

那次演講是巴沙拉爲我安排的，也是我第一次在公開場合接觸到身爲以色列公民的巴勒斯坦人。但凡有巴勒斯坦人的地方，就會有幾十個又幾十個的派系，以色列的巴勒斯坦人也不例外。來聽我講話的那群人基本上是巴沙拉的信徒，他們有老有少，還有一些其他的好奇者，他們因為從未看過我而想看看我。那是個有意思的晚上。我被問到我的政治思想發展歷程，被問到我是怎樣發展出現在的立場的。但他們知道我思想立場的人並不多，有些甚至連我這個人都沒聽過。

所以那是個有趣的練習。參加者基本上可以自由發問。他們可以問我任何想問的問題。身為一個對語言感興趣的人，透過他們的發問和評論，我可以聽得見其他阿拉伯政治立場的腔調——復興黨（Baath）的、納瑟派（Nasserite）的、阿拉伯民族主義或馬克思主義的。但我也注意到他們有一種獨立的聲音，反映出這群人有著跟其他所有阿拉伯人不一樣的經驗。他們以少數民族的身分住在一個猶太國家裡，所以要比任何其他阿拉伯群體更熟悉以色列人。他們每天都會碰到以色列人，例如在大學裡或職場裡。

這使得整個討論顯得更加有趣。我們可以直接談以色列，也沒有人忌諱談宗教的問題。由於巴沙拉原先是個馬克思主義者，現在則是個相當激進的社會民主黨人，所以來聽我講話的基本上都是世俗化的人。聽眾中間也說不定夾雜著穆斯林。但我在很多阿拉伯國家都碰過這種人，他們總會在聽眾當中，而有時你很容易就把他們認出來，例如在埃及，這一類人女的會戴頭罩，男的會蓄大鬍子。但我發現這些穆斯林對待我的態度有一種有趣的模式，那就是儘管我等著他們質疑我的論點（因為我是個世俗化而又對宗教化政治立場語多批評的人），他們卻很少會說話。他們很少問問題，很少公開與我辯論。拿撒勒的情形也是一樣，完全沒有人站在伊斯蘭教的立場發言。大部份發問者都是想多知道點外面的情況，想知道我對和平進程有何感想。當然，每個人都想知道有沒有別的替代方案，而這是個很難回答的問題。不過重點是他們都熱中參與。

今年三月我會有另一個與他們接觸的機會。我要到拿撒勒三天，參加一個阿拉伯學者的會議。拿撒勒的以色列人類學協會也邀請我在他們的年會上發表演說。對我來說，這是個極有價值的機會，因為一向以來我的去處都是侷限於阿拉伯人的地方，又特別是巴勒斯坦人的地方——那裡處於被圍困的狀態，是一個外地人也可以感受得到的。但不管我到哪裡，都可以感到不同世代之間質的差異。在我看來，新一代無疑擁有一種新的勇氣和懷疑態度。大部份二十歲出頭的巴勒斯坦人都看得到知性上的好奇心，比他們年輕的人也是如此。那是在我這一代和下一代巴勒斯坦人身上，我所感受不到的不同氣氛。

•這會不會是因為他們沒有經歷過一九四八年那場「大災難」（al-Nakba）的洗禮？

部份與此有關。但也跟我先前提過的情況有關。人們現在可以讀到他們才五年前還無法讀到的東西。現在有網路，有電子郵件，還有快速流通的地下文學（*samizdat*）和各種替代性媒體，也就是各種有別於官方媒體的電視、電台。別忘了，談到媒體，這地區可是世界上媒體最高度飽和的地方。大部份人都可以透過衛星天線得到各種資訊。他們可以收看阿拉伯國家的電視，也可以收看CNN。所以他們會作出比較。媒體的多樣性大得驚人，人們比從前更加渴望去探索、辯論和討論出替代方案，年輕人之間尤其如此。從這一點來說，目前的局面比我在一九六七年所面對的局面要樂觀很多。人們熱中交換意見，談未來可能的政治轉變。

•聽說你在前往拿撒勒的路上，湊巧載到一位搭順風車的巴勒斯坦年輕人。你們之間有一番具啟發性的交談。

他是個年輕人，住在離傑里科（Jericho）不遠的一個村莊。當時我正取道阿富拉（Afula），要從拉姆安拉（Ramallah）前往拿撒勒。阿富拉是位於「綠線」（Green Line）⑫裡面的以色列小鎮。我們是在納布盧斯（Nablus）的外頭遇見。他告訴我們他是個賭桌管理員，在傑里科一家新蓋的巴勒斯坦賭場——和平進程所帶來的奇怪產物之一——接受訓練。因爲正在受訓，所以他只能以搭順風車的方式通勤。等幾星期後訓練結束，他就必須住在那兒，因爲賭場爲員工蓋的宿舍屆時就會蓋好。賭場的大股東是奧地利人，但阿拉法特的「民族權力機構」也擁有三十%股份。[13]以色列人是主要客戶，因爲以色列是禁止賭博的。他們到賭場，把大把大把鈔票花在賭「二十一點」、輪盤和「比九點」。賭場的外籍僱員和經理都住在離賭場不遠的一個以色列屯墾區。

這家完全沒有生產性的賭場是個奇特的組合：由外國人擁有、經營，由巴勒斯坦人支持。當然，「民族權力機構」可以從中牟利，但那錢是不會用在巴勒斯坦人民身上的。有一小群來自鄰近村莊的巴勒斯坦人在這裡工作，伺候前來消費的有錢以色列人和外國人——我想也包括有錢的巴勒斯坦人。聽說，不久以後，那裡也會有保齡球場和游泳池。如果這世界有什麼地方是最難想像會出現賭場的，傑里科一定是其中之一。它是地球上海平面以下最低的一片陸地，在夏天，即使是有遮蔭的地方，溫度也高達攝氏六十度。它不是那種在一般情況下你會想要去的地方。如果說那賭場的存在可以代表以色列人或巴勒斯坦人的未來的話，那可是個不讓人樂觀的未來。

・這賭場受到一些人的批評，批評者甚至包括蘇哈・阿拉法特（Suha Arafat），也就是阿拉法特的太太。據《紐約時報》一篇頭版文章報導，她稱那賭場為一種「不名譽」。「我恨它，」她說，「這是巴勒斯坦『民族權力機構』的經濟顧問做過最可恥的一件事。賭場就開在一個難民營的正對面——不多也不少。我們沒有醫院、沒有下水道，生了病的小孩缺人照顧，但我們卻有賭博。了不起。」[14]

她是個複雜的角色。她會開著藍色的 BMW 在迦薩地帶到處兜風。她很多時間都待在巴黎。她在聖路易島有公寓。她的髮型師和服裝設計師都是巴黎人。她的家族介入商業買賣。除了轉移一點點人們對整個惡劣局面的注意力以外，我不明白蘇哈・阿拉法特這個新角色的戲份何在。她那番話固然沒有錯，但這並不表示她和阿拉法特的其他班底不用對當前的腐敗負責任。

兩部看似分離的歷史其實是交織在一起和相互對位的

・你離開以色列之後去了埃及，發現那裡的人目光偏狹。你為此而驚訝嗎？

沒有，因爲我以前就領教過這種態度。不管是住在以色列還是約旦河西岸或迦薩地帶的巴勒斯坦人都有一種孤獨感。他們生活在以色列權力的陰影裡，所以自然會想跟其他阿拉伯世界的人有所接觸。但身爲巴勒斯坦人，你想要從以色列或約旦河西岸或迦薩地帶前往阿拉伯世界，都需要經過非常複雜的程序，讓你在做這件事之前會再三猶豫。另外，任何在阿拉伯世界旅行的巴勒斯坦人都會自然而然受到疑忌。我自己也不例外，雖然我有美國護照，但我出生於耶路撒冷的事實卻總是會讓我被歸類。所以說，想要在阿拉伯世界旅行和接觸阿拉伯人，對巴勒斯坦人來說是很困難的。

更重要的是，到過巴勒斯坦人地域的阿拉伯人非常少，而到過以色列的更幾乎是零。其中一個理由就是阿拉伯人反對跟以色列「正常化」，也就是反對跟以色列正常交往。大部份阿拉伯國家的民族主義者和知識份子都是這種態度，波斯灣的國家如此，埃及、敘利亞、黎巴嫩和約旦更是如此。埃及和約旦是唯一與以色列簽有正式和平條約的阿拉伯國家。但以色列與埃及間的和平卻被形容爲冷和平——以色列與約旦的關係事實上也是如此。換言之，一般的埃及人或約旦人是不會到以色列去的，不會跟以色列打任何交道。至於到約旦和埃及的以色列觀光客則只會坐在巴士裡看看歷史古蹟。除此以外，彼此非常少交流，不管是大學之間的、學術社團之間的，還是商業上的往來。這種情形，在歐洲國家之間或世界任兩個關係和平的鄰國間都是絕無僅有的。阿拉伯國家會這樣子的其中一個理由是，以此作爲支持巴勒斯坦人的一種表示。

問題是，這種支持反而讓巴勒斯坦人陷於一種困境，那就是讓他們無法得到本來可以從阿拉伯人那裡得到的幫助。例如，埃及、敘利亞、黎巴嫩或約旦的醫生或醫學專家本來可以幫助巴勒斯坦人建立診所或醫院的。他們本來可以參與從行政管理到建立製藥廠的一系列活動。但因爲拒絕正常化，這樣的事情並未發生。同樣地，巴勒斯坦的大學生讀得到阿拉伯各國學者、記者、作家和詩人的作品，卻無緣看到他們。

現在到阿拉伯國家接觸阿拉伯人時，我都會對他們（特別是埃及人）說，你們是可以去巴勒斯坦的；你們是可以通過以色列的，因爲以色列與埃及處於和平狀態。你們應該利用這種有利條件，到巴勒斯坦人的地方去，幫助他們，訓練他們。但我得到的回答一般都是：「不，我們不要護照上蓋有以色列人的章。我們不要到以色列大使館申請簽證。我們不要在邊界或路障接受以色列警察的檢查，那對我們來說是一種羞辱。」

我覺得這種理由在某個層次說服力微弱，但在另一個層次又相當懦弱。在我看來，如果他們能把自尊放下，如果他們願意通過以色列的檢查站或路障或邊界關卡，就會知道巴勒斯坦人每天過著怎麼樣的生活。其次，正如我反覆告訴他們的，這樣做並不代表承認以色列或助長以色列。相反地，通過以色列是一種抗議，一種前去與巴勒斯坦人站在一起，給予聲援幫助的表示。例如，爲了建立屯墾區，以色列人沒收巴勒斯坦人的土地，用推土機摧毀他們的房子，而如果有大批埃及人和約旦人在那裡，那麼巴勒斯坦人面對這種日復一日、一分鐘復一分鐘的威脅，將會更加有士氣。同樣的道理也適用於大學。知名作家、知識份子、歷史學家、哲學家、電影明星都是可以到巴勒斯坦去的，但他們卻說：「我們不想走進開羅的以色列領事館申請簽證。」我說：「你們不必這樣做的。巴勒斯坦自治政府在開羅有大使館，你們提出要求，他們就會邀請你們到迦薩地帶，然後你們可以再到約旦河西岸去。」

所以，要到巴勒斯坦人的地方，是有很多迂迴的方法可以使用的。阿拉伯人的心態與其說是一種目光偏狹，不如說是一種懶惰，一種袖手旁觀，指望別人會代勞。缺乏積極性——我想這正是我們的大敵。我們總是認定以色列跟一些美國人（比方說福特基金會）在搞陰謀。另一方面，又有很多人想要跟他們做生意，卻又不敢公開地做。所以他們就偷偷摸摸地來，但在公開場合說的又是另一套：「我們不準備接受正常化。我們拒絕跟帝國主義打任何交道。」我們拒絕坐下來，研究一些能眞正幫助巴勒斯坦人的方法和跟以色列打交道的方法。以色列可不是虛構的實體，而是一個眞正的強權，它在很多方面都對阿拉伯人的生活有負面影響。

我覺得，這種消極態度的一個具體表現就是，沒有一家我知道的阿拉伯大學是設有以色列研究系的，也沒有人研究希伯來文（當然，這些大學都是高度政治性的，而其教授與學生也要承受各種不同的壓力）。就連巴勒斯坦人的大學也是如此。這當然是可理解的，那是一種抵抗強權的方法，一個在我們生活各層面施壓的強權。然而，在我看來，面對以色列，學習它的語言，才是唯一的救贖之道。很多以色列的政治學家、社會學家、東方學家和情報人員都花時間去研究阿拉伯社會。我們爲什麼就不能研究他們？這是一種認識你的鄰居、你的敵人的方法，是一種打破牢籠的方法。我們繼續主動地待在這個牢籠裡，只會正中以色列的下懷。

阿拉伯世界的這種消極性和鄉愿不只表現在對以色列的態度，也表現在對美國之外任何國家的態度。阿拉伯世界著迷的是西方，是美國，是哈佛，是杭亭頓（Samuel Huntington），是柯林頓和莫妮卡・柳文斯基（Monica Lewinsky）和諸如此類。這樣的東西在最頭腦簡單、最庸俗的媒體上滿坑滿谷，但卻很少有人會去注意印度、日本、中國這些重要的文明。我保證你在安曼任何一所大學都不會找到有人研究非洲、拉丁美洲或日本。這是一個象徵，反映出在歷史的現階段——一個我們發現自己正在消融、能力軟弱和知識靜止的現階段——我們對世界的其他地方不感興趣。

我一直非常不妥協並相當公開地鼓吹的一點就是，我們必須打破這種態度。我們必須掙脫這種自造的手銬，放眼世界的其他地方，並把他們視爲與我們平起平坐的國家，與之打交道。我們防衛心理太強了，只會整天感到委屈而一事無成。這部份解釋了民主的闕如。阿拉伯人沒有民主，不只是因爲統治者的專制，不只是因爲帝國主義者的陰謀，不只是因爲政權的腐敗，不只是因爲祕密警察。說到底，是因爲我們的知識份子缺乏公民觀念，而那是非常需要強調和堅持地爭取的。由於住在那麼遙遠的距離之外，我所能做的，就是不斷透過講述和寫文章反覆強調這一點。一個人想要改變現狀，唯一的方法是起而行，多讀，多問，多接觸，掙脫囚籠的枷鎖。

•你反覆強調以色列必須承認他們對你的族人，也就是巴勒斯坦人做過些什麼。為什麼這一點很重要？

因爲巴勒斯坦人歷史很大的一部份一直被埋沒了。我們成了隱形人。以色列論述的力量和強度幾乎全來自於它把自己塑造爲一個英雄式的開拓者，在一片荒涼的土地上建立家園。它沒有把這片土地的原住民描寫爲住在城鎮裡、有自己社會的定居者，而是把他們描寫爲可以任意趕走的遊牧民。建構遊牧民角色是一個非常複雜的過程，但那確實是猶太復國主義者用來打發作爲全體的巴勒斯坦人的方法。跟我談過話的許多以色列人（特別是我這一代的）都讓我明白到，以色列國民教育的一個重點，就是灌輸這一套。畢竟，要以色列人承認以下內容是很困難的：他們今天的家園主要是以剝奪、殺戮和驅逐他人得來的，而不是因爲他們是逃過納粹大屠殺的英雄人物。

所以，在我看來，能不能實現眞正的正常化對以色列來說是關係重大的。因爲只有這樣，它才能成爲中東的一部份，而不是一個只跟西方有聯繫的孤立聖所。以色列一直都否定、輕蔑和漠視巴勒斯坦人，這種態度的一個表徵是以色列境內的所有路標都是以英文和希伯來文書寫，看不見阿拉伯文。所以，如果你是個阿拉伯人而又不懂希伯來文或英文，你就會迷路。這是故意的。這是以色列政府用來把其二十%人口排除在外的方法。因此，要求以色列在知性上和道德上正視他們自己歷史的眞實是非常重要的。

這是新一代歷史學家責任的一部份，但同樣重要的是巴勒斯坦人直接對以色列人說：這才是眞實。我想，在上距一九四八年以來五十年的今天，我們可以開始把巴勒斯坦人和以色列人的歷史放在一起來談了。這兩部看似分離的歷史其實是交織在一起和相互對位的。不這樣做的話，「他者」（the Other）就總是會被非人化、妖魔化，被變成是隱形的。我們必須找到一條出路。對此，心靈的角色、知性的角色和道德意識的角色是關鍵的。必須要找出一種正確對待「他者」的方式，給予他們空間而不是剝奪他們的空間。所以我的這種想法絕不是烏托邦。烏托邦是沒有空間的。但我的要求卻是把「他者」安置在一個具體的歷史和空間裡。

這也是爲什麼我認爲關鍵的不只是研究歷史，還要研究地圖和地理學。戴揚（Moshe Dayan）⑮在一九七〇年代中葉說過一句名言：「這個國家沒有一個地方不是建設在一個從前阿拉伯人的聚居點上。」⑯他看得見這個事實，而且把它說了出來。他說：我們是以武力取得這些土地的，別忘記這一點。但後來的世代卻失去了這種敏感度。所以，任何不受偏見、教條和權威束縛的人都應該採取行動，一步步還原這些地方的本來面目。同樣重要的是阿拉伯人必須明白，以色列人不是個「附帶現象」（epiphenomena），不像十字軍或帝國主義者那樣，是我們可以把他們趕回到某個地方去的。必須堅持——我常常這樣堅持——以色列人是以色列人。他們是一個叫以色列的國家的公民。他們不是「猶太人」，不是從前的流浪者，是可以再回到歐洲去的。任何把以色列人視爲一種過渡性或權宜性存在的語言都是我們必須完全拒絕的。

音樂的力量

•巴倫波因（Daniel Barenboim）是世界知名的鋼琴家和指揮家，生於阿根廷，長於以

色列。你曾跟他有過一些有意思的音樂互動。

我們是七、八年前認識的，然後相當意外地，我們成了親密摯友。他像我一樣經常出國。我們的路線有時會交錯。我們嘗試一起做些事情。我們會舉行公開座談，但不是談政治——因爲他就像我一樣不能算是政治人——而是談音樂、文化和歷史。身爲猶太人或以色列音樂家，他對華格納的音樂很感興趣。華格納雖然是徹頭徹尾反猶太人的，卻是個偉大的音樂家。這正是個巴倫波因感興趣的吊詭：文化與音樂工作相輔相成的同時卻又會產生矛盾。我們曾經就這個主題有一番對談，現在正準備整理成書出版。⑰但他就像我一樣，非常不滿自己族人保守因循的作風。他近期都沒有住在以色列，去年還拒絕跟以色列愛樂管絃樂團合作，在以色列五十週年國慶指揮演奏。他非常反對佔領約旦河西岸。他公開贊成應該讓巴勒斯坦人建國。他是個有勇氣的人，有著一種非正統的人格。連結我們倆的除音樂以外，還有一些生平背景。他隨家人搬到巴勒斯坦台拉維夫的時候，差不多就是我家遭驅逐的時候。

我們有著非常誠摯的友誼。最近，也就是上星期，我才幫他在巴爾宰特大學（Bir Zeit）——約旦河西岸的一家重要大學——安排了一場獨奏會。這是他第一次到約旦河西岸演奏，意義重大。安排這場演奏會花了我相當長的時間。有各式各樣的問題需要解決，但都不是跟他有關的問題。巴爾宰特大學在抗暴運動期間被關閉了四年。其校長被驅逐了二十年——一九七四年以迄一九九四年。直到兩、三個月前，還有一個學生在校園附近遭以色列士兵殺害。巴爾宰特大學與以色列人之間的嫌隙可說歷史悠久。

所以，讓一個以色列人來這裡演奏是個很難被接受的主意。但各種問題在經歷一段時間以後終於得到解決，而獨奏會也得到巨大成功。那是我一生中最重大的事件之一，而如果我可以代他發言的話，我想那也是他一生中最重大的事件之一。因爲那代表他跨過了一個門檻：他的演奏是純文化行爲，但也是一種團結和友誼的表示。全世界的演奏廳都巴不得請他演奏，而且門票索價昂貴，但他卻願意爲巴勒斯坦人免費演出，略盡棉力。他在音樂領域是非常頂尖的人物，是個傑出的鋼琴家和指揮家。但他到巴爾宰特大學只是以個人的身分演奏。因爲那裡沒有夠好的琴，所以他把自己的琴搬了去。聽衆基本上都是巴勒斯坦人，而演奏進行的那個禮堂相當諷刺的就叫「卡邁勒・納瑟廳」（Kamal Nasser Hall）。卡邁勒・納瑟是埃及總統納瑟的堂兄弟，一九七三年在貝魯特被暗殺。他是我一個非常要好的朋友，暗殺發生當時我就在現場。暗殺小組由巴拉克（Ehud Barak）率領，他是今日以色列勞工黨的黨魁（譯註：同年十一月，以色列總理拉賓遇刺身亡，巴拉克當選總理），當時則是情報部門特擊隊的指揮官。⑱

所有這一切讓那天晚上的演奏充滿高昂的情緒張力，而我深信在場的每個人都不會接收不到它的文化泛音。以色列愛樂管絃樂團的指揮祖賓・梅塔（Zubin Mehta）也來了，他是巴倫波因的好友，是個印度人，支持以色列一向不遺餘力。他前此從沒到過約旦河西岸，但這一次卻來了。眼淚從他臉頰汩汩而下。那是場非常重要的演奏，因爲它沒有任何公開的政治宣示。沒有人準備要殺誰，或是提出任何的訴求。那是一種人道姿態，是奠基於我和巴倫波因和一群人數愈來愈多的巴勒斯坦朋友的友誼。他的信念是（我認爲相當正確），如果以色列想要繼續存在，就必須跟阿拉伯人和穆斯林保持一種友誼和平等的關係。他無比渴盼可以學會阿拉伯語。他是一個非比尋常有遠見、先知式的天才。像他這樣的人不多。我希望我們可以把這一類的活動辦下去，每隔一段時間辦一次。

值得一提的是他與馬友友今年夏天在威瑪（Weimar）有活動。威瑪是今年度的歐洲文化之都。我們計畫把一些有天份的年輕音樂家帶到威瑪十天。他們大部份都是阿拉伯人，但也有以色列人，年齡介乎十八至二十五歲之間。威瑪離布痕瓦爾德

（Buchenwald）⑲只有一小時車程，是一個有歷史的地方，也是歌德、席勒和李斯特這些代表德國文化高峰的人物的家鄉。而因爲布痕瓦爾德的關係，威瑪跟以色列的建國和巴勒斯坦人的離散多少有關係。那些年輕音樂家將會跟馬友友以及來自柏林歌劇院的音樂家同台演奏，由巴倫波因擔綱指揮。演奏結束後將由我主持一場討論，談文化、政治、歷史和音樂的關係。入選的都是些優秀的年輕音樂家，是我們從他們寄來的錄音帶或試演中評選出來的。那個晚會對與會每一個人肯定都是個難忘的經驗。

這活動的優點之一——至少在我這個怪人看來是如此——是它沒有綱領可言。沒有人打算在結束時簽署一份宣言。那只是要把一些不同的人集合在一個文化中心，看看會摩擦出什麼樣的火花——有可能會摩擦出政治的火花，但因爲我們都不是政治人，所以政治的一面不是我們特別感興趣的。我們感興趣的是音樂的力量，想要透過討論和文化來創造一種平等和情誼感，而那是在生活陷於兩極化的中東所不可得的。

・大約八年前，你接受例行性膽固醇檢查時發現自己得了白血病。大家都想知道你的

健康狀況。你現在身體怎樣？

謝謝你的關心。我經歷了很多段難熬的日子。頭三年我不需要接受任何治療。然後，在一九九四年初春，我突然開始需要治療，先是化療，然後是放射性治療。我大部份時候都是病懨懨，體重掉了許多。照顧我的是一位極出色的印度裔醫師。治療期間，我沮喪地得知，我得的是一種很罕見的白血病，稱爲「頑固性白血病」（refractory leukemia），任何已知的化療方式對它都不起作用。去年夏天我接受了爲期十二星期的治療，用的是一種還處於實驗階段的新藥，稱爲單克隆抗體（monoclonal antibody）。我整段時間都是病懨懨。我一星期要接受這樣的治療三到四次。幸而，我現在處於一種稱爲暫時性舒緩的狀態。這不表示病已經治好。它還是會再回來，但我至少有六個月的時間不用接受重大治療，維持大體良好的健康。我現在覺得身體不錯。

註釋

① Barton Gellman, "Netanyahu, Arafat Sign Accord," *Washington Post*, October 24, 1998, p. Al.

②〔譯註〕指巴勒斯坦民族權力機構（Palestinian Authority），即巴勒斯坦自治政府。

③ United Press International, "Palestinian Lawmaker Condemns Book Ban," August 23, 1996.

④ Edward W. Said, "The One-State Solution," *New York Times Magazine,* January 10, 1999, p. 6: 36-39.

⑤ Interview with Edward W. Said, *The Charlie Rose Show,* WNET-TV, June 6, 1996.

⑥ See Meron Benvenisti, "The Return of the Refugees Won't Tip the Scales," *Ha'aretz,* July 8, 1999.

⑦〔譯註〕猶太復國主義運動領導人，以色列的主要締造者和首任總理。

⑧ See Simha Slapan, *Zionism and the Palestinians*（London: Croom and Helm, 1979）, p. 143.

⑨ See, among other works, Benny Morris, *The Birth of the Palestinian Refugee Problem, 1947-1949*（Cambridge: Cambridge University Press, 1989）; Avi Shlaim, *Collusion Across the Jordan: King Abdullah, the Zionist Movement, and the Partition of Palestine*（New York: Columbia University Press, 1988）; and Ilan Pappe, *The Making of the Arab-Israeli Conflict, 1947-1951*（London: I.B. Taurus, 1992）.

⑩〔譯註〕猶太復國主義組織領導人，以色列首任總統。

⑪ See Martin Sieff, "The Israeli Arabs — A Ticking Time Bomb," United Press International, October 2, 2000.

⑫〔譯註〕綠線是約旦河西岸與以色列邊界的俗稱，確立於一九四八年，因在地圖上是以綠色標出，故名。

⑬ Deborah Sontag, "Arafat's Gamble: A Casino for an Israeli Clientele," *New York Times,* September 15, 1998, p. A4; Agence France-Presse, "Palestinian Authority Admits Squirreling Millions Away in Secret Slush Fund," July 5, 2000.

⑭ Deborah Sontag, "Suha Arafat: A Militant in a Blue BMW," *New York Times,* February 4, 1999, p. A1.

⑮〔譯註〕以色列著名將領與政治家。

⑯ Edward W. Said, *The Question of Palestine,* 2nd ed.,（New York: Vintage Books. 1992）. P. 14.

⑰ Daniel Barenboim and Edward W. Said, *Parallels and Paradoxes: Explorations in Music and Society*（New York: Pantheon Books, 2002）.

⑱ John Kifner, "Israel's Silence Reinforces Belief Its Commandos Killed P.L.O. Aide," *New York Times,* April 18, 1988, p. A1.

⑲〔譯註〕納粹德國所設置的最早和最大的猶太集中營之一。

二〇〇〇抗暴運動：巴勒斯坦人的起義

Intifada 2000: The Palestinian Uprising

二〇〇〇年十一月九日，紐約市

・你在論以巴衝突的作品和演講中反覆強調一九四八年的重要性。有什麼關於一九四八年的事是人們需要知道的？

我不認爲一個不知道一九四八年發生過什麼事的人，可以了解今日巴勒斯坦人的處境。一九四八年，有一個主要由阿拉伯人構成的社會，從巴勒斯坦的土地上被連根拔起和摧毀。有八十萬阿拉伯人被有計畫地驅逐出境。這件史實，相當清楚地記載在猶太復國主義者的文件檔案裡，而有好幾個以色列的歷史學家也在書中談到過。①當然，這是阿拉伯人早就指出的。到了一九四八年那場衝突的尾聲，巴勒斯坦人成爲了自己國家裡的少數民族。他們三分之二的人成了難民，其後代子孫（爲數約七百五十萬）分散到整個阿拉伯世界、歐洲、澳洲和北美。②剩下來那些，在一九六七年以後臣服於以色列的軍事佔領——約旦河西岸、迦薩地帶，連同東耶路撒冷，全成爲了佔領區。

一九四八年是巴勒斯坦人開始尋求民族自決的日子。那不是始於一九六七年的。

一九六七年只是以色列征服的完成。在一九四八年，不只所有巴勒斯坦人的土地（九十四%）被以色列國用軍事手段奪去，當成猶太人的土地，而且留下來的巴勒斯坦人——他們今天約佔以色列全人口的二十%——也被禁止擁有任何土地。以色列的大部份土地都是國家以猶太人的名義操縱在自己手裡的。其次，一九四八年有四百多個阿拉伯村莊被毀，其後又爲興建集體農場（kibbutzim）的以色列屯墾者重建。換言之，每個以色列的集體農場其實都是建立於阿拉伯人的產業之上。所以，一九四八年這個化膿的傷口始終存在，但以色列政府卻一直說：「巴勒斯坦人的處境與我們無關。他們會離開是出於他們領導者的吩咐。」以色列動用了各式各樣的宣傳手段去製造這種印象。直至今日，世人仍普遍認爲，巴勒斯坦人不是以色列趕走的。其次，哪怕是在上一次的大衛營會議，以色列都從不考慮巴勒斯坦人返回家園的權利——這是每一個巴勒斯坦人的最大心願。③這是整件事情的核心。

恐怖主義是被壓迫者的武器

•談談看大眾論述的架構。從「和平進程」（peace process）一詞談起。

和平進程開始於一九九三年，當時巴解組織（ＰＬＯ）與以色列政府簽署一項祕密協定。協定中以色列同意讓出一些約旦河西岸和迦薩地帶的土地，給阿拉法特領導的巴解組織管治。然而，由於以色列人和巴勒斯坦人之間力量強弱懸殊，所謂的「和平進程」實際上只是把以色列的軍事佔領給重新包裝。哪怕是今天，也就是二〇〇〇年的十一月，以色列仍控有約旦河西岸六十％的土地，控有迦薩地帶四十％的土地。它還兼併了耶路撒冷，到處建立屯墾區。包括耶路撒冷那些以色列人在內，今天大約有四十萬的以色列人是非法住在巴勒斯坦人的土地上面的。④這是二十世紀與二十一世紀歷史裡歷時最長的一次軍事佔領，一共是三十三年。逼近日本對韓國從一九一〇年迄一九四五年的佔領紀錄。

本質上，和平進程是以接受以色列的一切條件換取的。少量的以色列軍隊被撤走。屯墾政策不變。耶路撒冷仍然處於以色列的控制。邊界和水源也是由以色列控制。出入都受以色列的管制。安全也是控制在以色列手上。美國人和以色列人做的事是要巴勒斯坦人同意讓他們把佔領行為重新包裝。在大眾面前，這看似邁向和平的一步，骨子裡卻是一個彌天謊言。唯有理解了這一點，才可以理解二〇〇〇年十月二十九日爆發的巴勒斯坦起義為什麼會那麼激烈和規模這麼大。

•「防衛」這個詞又如何？

當然，以色列的軍隊是稱爲「以色列國防軍」。這個名稱是爲了讓以色列軍隊看起來是國防用途的。美國媒體一直相當誤導民衆的是把以色列的軍隊說成是防衛巴勒斯坦人用的。就此而言，美國媒體簡直就像是從歐威爾的書⑤裡出來的。事實上，除了警察擁有一些小型武器以外，巴勒斯坦人並無武器可言，能對抗以色列的導彈、戰機、武裝直升機、坦克和火箭的，基本上只有年輕人扔出的石頭。最重要的是，戰鬥都是發生在巴勒斯坦的土地上。所以「防衛」是個古怪可笑的形容。以色列軍隊是一支巴勒斯坦人土地上的佔領武力。巴勒斯坦人致力的是反抗軍事佔領，以色列人致力的是延長佔領，並像阿爾及利亞、越南或印度殖民時代的殖民地軍隊一樣，以平民百姓的生命作爲對反抗活動的懲罰。

•「恐怖主義」一詞呢？

那是一場非常醜陋的衝突，始自一九二〇年代。當時猶太復國主義者把恐怖主義引入了巴勒斯坦。那是猶太復國主義極端份子的標準伎倆之一，他們把炸彈放置在阿拉伯菜市場之類的地方，以此製造大衆的恐慌。這種事在三〇和四〇年代達到高峰，猶太復國主義者想以此來逼英國加快撤出巴勒斯坦的腳步，而英國也果然在一九四八年撤出了。

自那時起，以巴雙方就一直互相報復，製造出大量死傷。儘管任何無辜者的性命損失都是無可彌補的，任何殺害以色列無辜百姓的口實都是站不住腳的，但巴勒斯坦人的人命損失卻是大得不成比例。以過去六星期的數字爲例，共有一百八十個巴勒斯坦人和十四個以色列人被殺。⑥單是這個數字就可以讓你感受到個中差異。但更重要的是，以色列人的死者中有八個是士兵，而巴勒斯坦人則全是平民。在這個背景下，你可以說恐怖主義是被壓迫者的武器。事實上，巴勒斯坦人的恐怖攻擊是非常有侷限性和零星的，但卻被以色列的宣傳放大和膨脹到古怪可笑的程度。以色列老是把自己塑造成受害者，但在這場衝突中，他們根本不是受害者。他們是欺壓者，是侵凌巴勒斯坦人的人。

．美國一向都被認為是公道的和事佬，你的看法怎樣？

世界上沒有一個國家像以色列那樣，接受過美國那麼多的軍事與經濟援助——

這些援助以今日的幣值來計算，總數大約是一千三百五十億美元。⑦美國的每一個知名人物——不管是紐約州北部一個小區的候選人還是總統候選人——都必須宣稱自己是以色列無條件支持者。不管是參議院還是衆議院都會主動表態，發表一些支持以色列政策的宣言。這除了是因爲以色列遊說團體的力量使然，也是因爲以色列支持者的團體非常積極和老練。美國一向的政策都是保護以色列和支持它的一切投機冒險。以色列很多行徑——刑求、以飛彈和直升機攻擊平民、實行屯墾、非法兼併土地等等——明明是嚴重違反國際法的，但美國卻仍然否決了很多安理會要譴責以色列的決議案。⑧

所以說，美國是個公道的和事佬乃是荒謬歪曲的形容。美國是相當站在以色列一邊的。過去七年來，所有有關和平進程的談判的材料都顯示，美國持的是以色列的觀點，跟以色列是一國的。順道值得一提的是，從羅思（Dennis Ross）到安迪克（Martin Indyk）到米勒（Aron David Miller），大部份主持和平進程的美國官員都是以色列遊說團的前僱員或長時間的盟友。

•保守的英國週刊《經濟學人》這樣說：「巴勒斯坦新一波的抗暴運動（Intifada）正

迅速披上一種嚴肅的反殖民革命的形式。」⑨這樣的措詞，在主流雜誌或許還是第一次看到。

我認爲，爆發於一九八七年的第一次抗暴運動——後來在一九九三年被阿拉法特叫停——就是一場反殖民的革命。這一次的抗暴運動顯然也是如此。只有美國媒體才會那麼健忘，看不出以色列在約旦河西岸和迦薩地帶推行的政策全是古典殖民主義那一套，包括屯墾、築路、不斷沒收巴勒斯坦人的土地、重新規劃約旦河西岸的地理形勢以方便以色列的控制等。爲了築路，他們不惜摧毀農作物和橄欖樹。也就是說，以色列所做的一切，都是爲了確保巴勒斯坦人的臣屬地位不變，爲了確保佔領者的利益（有時是閒暇）。

所以，過去六、七星期以來所發生的事（譯註：指第二次抗暴運動），就是要推翻這一切，包括推翻和平進程，因爲正如我說過的，和平進程只是對以色列軍事佔領的重新包裝，以便以色列用不了太多部隊就可以統治。這是和平進程的一部份。諷刺的是，現在很多以色列安全的事宜都交給了巴勒斯坦警察負責，所以那些反殖民示威者所面對的鎮壓往往是來自巴勒斯坦警察。這樣大的怒火，這樣巨大的人命損失，乃是一種純爲了摧毀人們生活的佔領政策的必然結果。巴勒斯坦人唯一可做的抵抗只是走上街頭，勇敢地（有人說是愚勇地）向坦克丟擲石頭。

我們還記得十年前發生在天安門廣場的事。當時，一個年輕人站在一隊坦克的前面，阻止其前進。全世界都齊聲喝采。但同樣的掌聲卻沒有爲巴勒斯坦人響起。美國媒體都太偏袒以色列了，以致一般人根本無從表達他們對巴勒斯坦人的支持。巴勒斯坦人所做的，實際上是推翻殖民式軍事佔領的一種勇敢嘗試。

阿拉法特只是布幕背後的殖民佔領者的傀儡

•你一直認為，在這場最地理性的衝突中缺少了地圖。為什麼地圖如此重要？

首先，整個巴勒斯坦地區是很小的。以巴衝突已持續了五十年。一般電視觀衆或報章讀者能看到有關以巴衝突的報導本來就少得可憐，當然更不會意識到衝突背後涉及的歷史與地理地形學。讀到以巴衝突的報導，大部份人的反應都是：「這些阿拉伯人和猶太人又來了。」以爲衝突雙方是勢均力敵的兩造，阿拉伯人是威脅和加害的一造，而以色列是無辜和受害的一造。當然，人們會有這種印象，多少跟納粹大屠殺和反猶太主義烈焰的記憶猶新有關。但眞實的情形是，隨著以色列在一九四八年建國，有七十八％歷史上原屬於巴勒斯坦人的土地變成了以色列的。⑩這個比例還一直增加中。約旦河西岸和迦薩地帶構成了二十二％歷史上的巴勒斯坦的國土，而當前的戰鬥，就是發生在這個地方。所以說，巴勒斯坦人爲之戰鬥的，不是已經失去的七十八％土地，而是那還保留著的二十二％土地。但在這二十二％之中，以色列仍然控制著六十％的約旦河西岸和四十％的迦薩地帶。因此，如果有朝一日會出現一個巴勒斯坦國，它的領土將會是四分五裂的。它們會是一小塊一小塊的，由以色列所築的路切割、圍繞、控制。這就是爲什麼巴勒斯坦今天會被圍困在他們小小的領土裡。

以色列在那片土地製造了一些既成事實，讓巴勒斯坦人無法從一個地方到另一個地方，無法從北往南去或從東往西去。佔整個地區大約四％土地的「大耶路撒冷」（Greater Jerusalem）已爲以色列所兼併，並且完全沒有物歸原主的打算。⑪以色列打算要完全控制這地區，唯一留給巴勒斯坦自治政府管的只有市政和衛生這些棘手的民生問題。安全事務和邊界都處於以色列的控制。哪怕是今天，阿拉法特沒有以色列的許可都無法進出迦薩地帶。他們可以隨意關閉機場，甚至把它們摧毀（曾經這樣做過），讓巴勒斯坦人動彈不得。現在，巴勒斯坦人形同被扼著喉嚨，慢慢窒息。

這就是和平進程的結果。它不是戰爭的結果。這是巴勒斯坦領導人在美國的慫恿下與以色列簽訂那紙協議帶來的災難的一部份，而這也是爲什麼這協議會泡湯的原因。

・你的資訊來源是哪些？

一本在華盛頓出版的雙月刊《佔領區內以色列屯墾區報告》（*Report on Israeli Settlement in the Occupied Territories*）。⑫主編是阿倫森（Geoffrey Aronson）。那是中東和平基金會的一本出版品。如果只能選一本的話，它是最權威的資訊來源。其資料來自以色列和巴勒斯坦和國際性的通訊社，提供的資訊包括了屯墾區的建設率、屯墾區的數目、新的屯墾區的開闢、財物的破壞、屯墾者人口增加了多少等等。

・杭士基（Noam Chomsky）、**科克布恩**（Alexander Cockburn）、**費司克**（Robert Fisk）**這些以色列屯墾政策的批評者都用「黑人家園」**（bantustan）**這個字來形容它。**⑬

兩者多有相似之處。它源於十九世紀的殖民主義。法國在阿爾及利亞實行過這種政策，他們畫出一些地區，讓聽話的土著建立村莊，由酋長管理。英國人在西非這樣做過，稱之爲「間接統治」，他們找來一些本地人統治那些難駕馭的原住民

——但實權當然還是操在英國手上。同樣的政策也被南非的白人政權採用，他們把黑人集中在一個個所謂的「保留區」（reservation）或「家園」（homeland），容許他們享有某種主權——但無一是實權。黑人不能控制土地。水不由他們控制。進出都要得到白人批准。巴勒斯坦的模式恰恰就是如此。巴勒斯坦人的居住區被以色列切割爲一小塊一小塊，無異於南非黑人的「家園」。只有阿拉法特這樣的人才會以爲自己是領袖，他事實上只是布幕背後的殖民佔領者的傀儡。

・夏隆（Ariel Sharon）**在十月二十八日去了一趟「尊貴的聖地」**（Haram Al-Sharif）**，也就是耶路撒冷的岩頂清真寺**（the Dome of the Rock）**和阿克薩清真寺**（Al-Aqsa mosque）**。**⑭**他由大約一千名的以色列軍警保護。這位前以色列將軍和現任內閣部長此行被認為是新一波抗暴運動的導火線。對巴勒斯坦人來說，夏隆的行為意味著什麼？巴拉克允許夏隆這樣做，又是什麼心態？**

在以色列的大眾神話裡，夏隆是個英雄角色。他的暴行開始於一九五〇年代。他要爲入侵吉卜亞（Qibia）的事件負責：只因爲前一天有三個以色列巡邏士兵遇襲身亡，他把六十五個無辜者殺死在他們自己家裡，作爲報復。⑮自此，他的暴行就一件接一件。他基本上是個擅長恃強凌弱的人，專門欺負平民和裝備遠遜於他的敵人。在以色列佔領迦薩地帶之後，他是宣慰使。一九七〇年代初期，他摧毀了很多民宅，聲稱是爲了消滅恐怖份子的巢穴，但那些事實是迦薩地帶抵抗者的窩。當然，一九八二年揮軍侵略黎巴嫩的行動更是夏隆一手策劃的，當時他騙以色列內閣說以軍只是要進入黎巴嫩南部幾英里，但事實卻是直取貝魯特——過程中殺死了一萬七千人。⑯貝魯特難民營事件的調查委員會指名他要爲發生在薩卜拉（Sabra）和夏蒂拉（Shatila）兩個難民營的屠殺負間接責任，因爲屠殺雖然是黎巴嫩長槍黨（Maronite）民兵幹的，但卻是以色列軍隊所授意。⑰

因此就什麼標準來說，他都是個戰犯。他毫不隱瞞他巴不得把剩下來的巴勒斯坦人全趕走，趕到約旦去。這個解決方案，他稱爲「約旦選項」，也就是把約旦這個主權國家轉變爲一個巴勒斯坦人國家。⑱自一九六七年違反國際法兼併東耶路撒冷以來，阿克薩清眞寺就是控制在以色列手裡的，而夏隆去那裡，無異是一種挑釁行爲。第二天，也就是九月二十九日，巴勒斯坦人一等早禱過後就爲昨天的事發起示威抗議。以色列警察向示威者開火，殺死了五個平民。⑲正如你說的，夏隆是在九月二十八日到那裡去的，由巴拉克派給他的一千個警察加以保護。

很明顯，夏隆去阿克薩清眞寺，是巴拉克授意的，不然至少也是他首肯的。但目的也許不那麼是挑釁，不是故意引起後來的流血衝突，以便引發恐怖鎭壓。我不認爲他小小的腦袋可以預見得到這一點。我想那是爲了宣示以色列對一個伊斯蘭教的聖地主權。此舉與其說是挑釁，不如說是羞辱，以顯示哪怕是一個惡名昭彰的戰犯，只要他是以色列人，一樣有權出現在伊斯蘭教最神聖的地方之一。它是要宣示，任何以色列人都有權這樣做。以色列人可以無視穆斯林怎麼想，怎麼感受，愛侵犯他們認爲最神聖不可侵犯的東西都可以隨意侵犯。這就是夏隆此行的目的。它讓一神教最醜陋的一面、喜歡傾軋的一面暴露無遺。夏隆等於是代表猶太人踐踏伊斯蘭教的地方，等於是說：「我們是軍事佔領者，我們想做什麼就做什麼。」媒體從沒有看出這一點，老是說夏隆的行爲是爲了挑釁。那不是爲了挑釁，而是爲了宣示以色列的力量，宣示猶太人高穆斯林一等。

我就是在西耶路撒冷出生的

- **包括諾貝爾獎得主威塞爾（Elie Wiesel）、《紐約時報》專欄作家弗德曼（*Thomas Friedman*）、公共電視網節目主持人羅斯（Charlie Rose）和東方學家路易士（Bernard Lewis）在內的人都像背書一樣彈這個調：大衛營談判的失敗要歸咎阿拉法特不知好歹，平白錯失一個千載難逢的機會。他們說巴拉克的退讓是空前的，說他的建議是最慷慨的妥協。**

壓根兒就不是事實。去大衛營以前巴拉克就把話挑明：他無意退回到一九六七年以前的邊界。[20]但這個原則是和平進程的起點：以色列退回到一九六七年六月五日前的邊界。

- **這是安理會第二四二號決議案規定的。**

還有安理會第三三八號決議案。其次，巴拉克也挑明，不會同意讓難民返回家園。他挑明的第三點是，他絕不會把耶路撒冷的主權歸還給巴勒斯坦人。第四點他挑明的是，他無意撤除屯墾區。[21]這些立場，是他後來整個談判的所本。談判從沒有離它們而去，反而是在鞏固它們。另外，如果你檢視事實而不是聽美國和以色列媒體那些江湖郎中的發言，就曉得巴拉克不準備歸還東耶路撒冷。他沒有在任何事情上退讓。他只是說：「我們會讓你們在聖地成立政權。我們會保留基督徒居住區和亞美尼亞人居住區。你可以對其中一些穆斯林聖地擁有一點點主權，但東耶路撒冷的實質主權要保留在以色列手中。」這就是所謂的「向前看」的立場！他拒絕接納難民，也不願對發生在一九四八年的事情負責任。眞不敢想像，這個領袖所代表的竟是一個老是要求別人補償他們在二次大戰所受苦難的民族。巴拉克等於是告訴巴勒斯坦人：「你們的要求我們連考慮也不會考慮。它們對我們來說是不相干的。」他斷然拒絕放棄屯墾區。

面對這種情形，阿拉法特本來是不想參加這場爲期兩星期的談判的，因爲它不單純是和平進程的一個延續，而且是一個「最終地位」的談判。阿拉法特無法同意以色列提出的條件。除了因爲當前的混亂局勢以外，也是因爲另外兩個理由。一是阿拉法特被要求終止衝突，終止巴勒斯坦人對以色列的權利要求，也因此是終止任何穆斯林／基督徒對以色列的權利要求。他做不到。其次，他也被要求放棄巴勒斯坦人返回家園和民族自決的要求，這也是阿拉法特不敢答應的，因爲只要他一簽字，就吃不完兜著走。因此，那不但不是一個阿拉法特可以從以色列的慷慨中獲利的機會，反而是他可能不得不自殺的機會，因爲如果他同意以色列的條件，就是把最後的獎品——等於聖代上那顆櫻桃——拱手送給了以色列。但他卻同意在西耶路撒冷的問題上讓步，同意承認以色列對西耶路撒冷的主權㉒。我就是在西耶路撒冷出生的，我家的房子還在那兒。那裡四十%人口是阿拉伯人。但阿拉法特卻把他們全部讓出。他的讓步要比以色列慷慨太多，而且非常有欠思量。所以我認爲有人說他背叛了巴勒斯坦人是相當正確的。

以色列一直是在玩一個自殺式遊戲

・巴拉克在九月三十日的國會演說中重提了埃班（Abba Eban）㉓的一句話：巴勒斯坦人從來不會錯過一個錯過機會的機會。㉔

以色列在資訊的提供上從一開始就是玩兩面手法。它給外國人的資訊基本上是文宣。它們把以色列描繪爲坦率的、民主的、大方的、慈悲的、站在受害和防衛的一方。換言之，以色列爲自己塑造的是一個對西方自由派深具吸引力的形象。但以色列告訴自己和巴拉克告訴其人民的卻是另一回事。不管主政的是裴瑞斯（Shimon Peres）、拉賓（Yitzhak Rabin）、貝林（Yossi Beilin）、巴拉克還是納坦雅胡（Benjamin Netanyahu），說的都是一樣的話。他們說，這是個我們什麼都不會失去的和平進程。拉賓在簽署「奧斯陸協議」幾個月前才說過：「我巴不得迦薩地帶沈到海裡面去。它是纏住我們脖子的石磨。那裡人口太多了，一百萬人活在最悲慘兮兮的狀態。我們幹嘛要扛這種責任呢？我們留住最好的土地就好，其餘的就給巴勒斯坦人吧。」㉕

這就是「奧斯陸協議」的基礎。勞工黨（Labor Party）裡頭的所謂和平派用來吸引選民的方式，就是老是說和平進程可以讓以色列撈到多少好處。他們說：「我們準備要放棄那些沒有用的土地。我們打算放棄統治巴勒斯坦人的苦差。我們不打算這樣做。讓他們自己來做。我們不打算放棄任何屯墾區。」貝林無時不說這一類的話。哪怕如此，他在美國和以色列仍然被歸類爲大鴿派。他總是說：「我們不打算放棄任何主要屯墾區。我們準備要兼併最好的土地。我們準備要保留耶路撒冷。告訴利庫黨（Likud），他們沒有理由反對這樣的安排。」㉖

如果你仔細研究這段歷史，就事實來研究它而不只是聽表面的宣傳，就會明白以色列一直是在玩一個自殺式遊戲。以色列認爲，阿拉伯人唯一聽得懂的論證是暴力。佔領就是一種暴力形式。巴勒斯坦人能夠有的反抗方式只是對坦克丟石頭，或是偶爾進行自殺炸彈攻擊——這種攻擊儘管恐怖，但跟以色列對三百萬巴勒斯坦人持續了三十三年的集體懲罰相比，根本微不足道。以色列是世界唯一一個法律容許刑求的國家。以色列境內有二十%的公民所受到的對待基本上與南非的黑人無異，而理由只不過是他們不是猶太人而是巴勒斯坦人。他們被剝奪各種權利，不被容許購買、租用和擁有土地。他們的土地反覆被沒收。這是最不像話的一種暴力與歧視政策。顯然，以色列希望被阿拉伯國家接受和承認，但它卻不肯放棄武力和佔領政策，也硬著心腸不肯聆聽受了五十年苦的巴勒斯坦人的哭訴。這一切，只會讓巴勒斯坦人的怨恨與日俱增。

還有必要一說的是，以色列雖然跟埃及和約旦簽署了和平條約，但歷經二十年的和平之後，以色列與埃及的關係基本仍然冷淡。以色列人說，我們努力過了，我們派出過使者。但以色列從來沒有捫心自問自己幹了什麼事：以大規模殺傷性武器報復於平民、不斷建設屯墾區、踐踏巴勒斯坦人的權利。這使得以色列被爲數三億的阿拉伯人和十二億的穆斯林視爲一個流氓國家，只要它的政策一天不改變，它所堆積出來的層層怨氣、怒氣和敵意就不可能會消散。這就是我爲什麼說它的政策是自殺式的原因。以色列歸根究柢是一個中東國家。它不是跟德州毗鄰的。它不是紐約的一部份。它離開美國六千英里遠。黎巴嫩位於它的北疆。它的東面是敘利亞和約旦。埃及在其南面。以色列境內到處都是巴勒斯坦人，約旦河西岸和迦薩地帶就更不用說了。你是可以揍他們，而以色列也無疑擁有最強大的軍力。它擁有攜帶兩百個彈頭的核子彈。㉗空軍也是地區內最強的一支，甚至是世界數二數三強的一支。它的軍事實力與經濟實力都遙遙領先。更重要的是它有美國的支持。但它的優勢能維持多久呢？總有一天，它會在人口數上落入下風。我估計，到了二〇一〇年，居住在傳統巴勒斯坦土地上的巴勒斯坦人就會跟以色列人一樣多。猶太人和阿拉伯人的人口數將會勢均力敵。屆時，以色列還控制得了多少局面呢？到了二〇三〇年，那裡的阿拉伯人就會是猶太人的兩倍。㉘換言之，猶太人在以色列會變成少數。

以色列當然應該擁有政治自決權。但這種權利不應該以軍事手段爲後盾。那不是長遠之道。唯一的選項是和平——平起平坐的和平而不是強者強加給弱者的和平。

巴勒斯坦人要求的是權利的實質改善，是建立國家

•你說居住在以色列境內的巴勒斯坦人佔以色列人口的二十%上下？

沒錯。一百萬人。

•他們在一九八七年的起義期間相當沈默，但在二〇〇〇年的抗暴運動卻截然不同㉙。為什麼會這樣？

理由之一是以色列政府對待以色列巴勒斯坦人的方式很不像話。直到一九六六年爲止，他們一直處於軍事管制之下。換言之，從以色列在一九四八年建國開始，他們有十八年時間都是自己國家裡的逐客。他們受到你能想像的每一方面的歧視。他們不被容許遷移，沒有得到像樣的教育，某些工作不准從事。一九六六年，軍事管制撤銷了，他們的處境有一定程度的改善。他們在國會裡有代表，有投票權，但他們卻不被允許擁有額外的土地。從一九六六年開始，他們眼睜睜看著自己的土地持續流失。很多村莊的土地都被以色列政府徵用，像是烏姆法姆（Umm el-Fahm）這

個大概是以色列境內最大的阿拉伯村莊就失去了一萬德南（dunam，約相當於二千五百英畝）的土地。㉚以色列徵用這些土地只是爲了軍事用途。它們被拿來當練靶場。我說過，政府用在巴勒斯坦人身上的預算微乎其微。學校的師資設備都比猶太人的學校差很多。電力和自來水這些基本建設在阿拉伯城鎭和村莊都很貧乏。

所以說，以色列境內的巴勒斯坦人受到嚴重的歧視待遇，而理由只因爲他們不是猶太人。這種種族主義影響到整個社群，所以他們最後起而反對它。他們看到以色列軍隊在約旦河西岸和迦薩地帶幹了些什麼，而他們認同於那裡的巴勒斯坦人。這是第二點最重要的事。以色列一直都致力於摧毀巴勒斯坦人的一體感。以色列境內的巴勒斯坦人都是以色列公民。住在約旦河西岸的巴勒斯坦人過去是約旦人，現在則處於無歸屬狀態。在迦薩地帶，巴勒斯坦人是無國之人，過去受埃及管治，現在則處於未定狀態。黎巴嫩的巴勒斯坦人也是無國之人。從歷史的角度來看，巴解組織最重要的一項成就，就是讓分處各地的巴勒斯坦人覺得他們歸屬於同一個民族。我想以色列和美國過去二十年來的政策都是要動搖巴勒斯坦認同感的，讓他們不會覺得自己是同一個實體的一部份，不覺得他們集體受到以色列的壓迫，而背後的黑手則是美國。

但這些算計到頭來都枉費心機。抗暴運動一發生，以色列的巴勒斯坦人馬上就意識到，他們跟約旦河西岸和迦薩地帶的巴勒斯坦人是一體的，因爲兩者受到的是一樣的待遇、一樣的嚴重壓迫和矮化。他們發起一次次示威抗議。但政府給他們的不是政治回應，而是軍事回應：共有十三個身爲以色列公民的巴勒斯坦人在示威中被以色列警察所殺。㉛

所以，以色列對巴勒斯坦人的政策是有連貫性的，那就是不把巴勒斯坦人當一個民族對待。在這種政策背後是一種非理性的恐懼，恐懼過去會被揭發出來，讓以色列的原罪無所遁形。以色列的原罪就是在一九四八年摧毀巴勒斯坦。這種原罪後來不只沒有洗去，反而一再以各種方式重演，讓敵視他的巴勒斯坦人愈來愈多：先是約旦河西岸和迦薩地帶的巴勒斯坦人，繼而是散居各國的巴勒斯坦人（巴解組織的創立者不是約旦河西岸和迦薩地帶的居民，而是住在科威特和黎巴嫩的巴勒斯坦人），然後是作爲以色列公民的巴勒斯坦人。他們最後一起行動。他們重新肯定巴勒斯坦人尋求民族自決的願景（這個願景一直是以色列否定的），強烈要求以色列做出補償。

這個大問題不是以色列或美國政府一貫以來的思維方式可以解決的。他們想用一些小恩小惠來打發巴勒斯坦人，例如容許巴勒斯坦人跟以色列人同乘一輛轎車或巴士之類的。這是行不通的。巴勒斯坦人要求的是權利的實質改善，是建立國家。這種要求愈來愈強烈，這種需要也愈來愈強烈。而以色列的拒絕則愈來愈高分貝和刺耳，愈來愈不切實際。對任何以色列人來說，首要之務都是要正視這個他們邊界之內的問題，正視那些只因爲宗教理由就被以二等公民方式對待的人。

以色列很多方面都是獨一無二的。它是個沒有憲法的國家，只以一組基本法進行管治。它對猶太人與非猶太人有很嚴格的區分。任何事情都由一個人是或不是猶太人所決定。這是行不通的。那實際上是一個由宗教權威運作的國家。很多以色列公民現在都開始擔心，要是有朝一日世俗猶太人不願意接受正統派和保守派的教士統治，會發生什麼事情。但以色列政府卻不思正面回應這些需求，反而退回到傳統的回應態度：要嘛否認問題的存在，要嘛再次肯定一些與事實脫節的事情。在這方面，巴勒斯坦人的責任重大——不只巴勒斯坦的知識份子有責任，一般巴勒斯坦人以至其他阿拉伯人也有這個責任。我們必須用和平的方式把一個訊息帶給以色列人：「我們住在這裡，你們也住在這裡。這是無法否認的。你們必須找出你們過去的眞相，找出我們過去的眞相。辦法也許是透過建立一個像南非那樣的『眞相與和解委員會』（Truth and Reconciliation Commission）㉜。」

這場衝突讓人吃驚之處，是過去五十年來，衝突兩造採取的是完全相反的行事原則。以色列人說：「我們對這片土地擁有權利。這本是片無人土地。別管一九四八年發生過什麼事了。我們來處理一九六七年的事就好。」表達方式容有不同，以色列的說法卻從未改變。但在二十一世紀，這是一種不能被接受的態度。你不能只爲己謀就把過去一筆勾消。你必須正視另一方的存在，負起該負的責任。所有人都是這樣做的。日本人爲他們對韓國人做的事負責任，德國人爲猶太人，波蘭人爲猶太人。在這一點上，以色列不應該有別於其他國家。他們幹過的事是把一場災難加諸另一個民族，這場災難延續到今天，而他們卻一再否認其事。「不，他們並不存在。那是一片空蕩蕩的土地。是上帝賜給我們的。他們只是些阿拉伯人，不算什麼。」這樣的論點沿用到今天。不然就是說：「他們都只是次等人，是野蠻人。我們要文明開化得多。」我認爲這正是今天問題的癥結。那不是美國和以色列政府突發奇想搞出來的荒謬和平進程所可以解決的。

• **「巴爾福宣言」（Balfour Declaration）㉝發表後，當魏茲曼被問到巴勒斯坦的原住民**

要怎樣處理時，他說：「只有幾十萬的黑人，不礙事。」㉞

我沒聽說過這個，但那一直都是以色列人的態度。巴勒斯坦人眞的不礙以色列人的事，因爲正如赫茨爾（Theodor Herzl, 1860～1904）㉟說過的，如果有需要，大可以把他們「偷偷架走」㊱。這一點，看看猶太復國主義者內部的爭論就可以知道，那完全是公開的，沒有任何祕密可言。這些一九四○年代猶太復國主義者的文件檔案都是可以翻閱的，巴勒斯坦和以色列的學者都研究過。很淸楚的是，巴勒斯坦人的存在一直都是以色列的一個大問題，而以色列也用盡各種辦法去處理它：或是試圖把巴勒斯坦人趕走，或是假裝他們並不存在，或是聲稱他們不是原住民。這種假裝巴勒斯坦人是微不足道少數的態度，我稱之爲沒由來的認識論上的固執。這個問題的嚴重性不僅從未減低，反而愈來愈升高。

・屯墾者與正統派猶太人也發起過示威抗議，向汽車和巴士投擲石塊。以色列維安部隊有過向他們開火的例子嗎？

半次都沒有。讓我告訴你一個相當誇張的例子。希伯倫是個阿拉伯城市，一九六七年以前沒住一個猶太人。一九六七年以後，以色列把三、四百個猶太人安置到在這個住了十二萬到十三萬阿拉伯人的城市。如今這些屯墾者約佔全市人口〇・三％，卻控制了二十％的土地，這全是拜和平進程之賜。㊲他們佔領的土地可是城市正中央，而不是它的邊緣。他們出入都有士兵保護，而軍方也提供他們武器。他們每一天每一小時都會招搖過市，以展示猶太人對阿拉伯城鎮的主權。戈爾德施泰因（Baruch Goldstein）就是這群人中間的一個：他在希伯倫的淸眞寺殺死了二十九個禮拜者。㊳這淸眞寺也是控制在以色列手上。一九九二年到那裡訪問的時候，我吃了一驚。想要進寺，你必須先通過以色列士兵把守的拒馬和金屬偵測器。有一群士兵坐在門邊一張桌子上頭。對伊斯蘭教來說，這是很挑釁性的，更誇張的是，他們會用靴踩那些入寺做禮拜的人的臉。儘管如此，戈爾德施泰因在一九九四年二月卻通過拒馬，向禮拜者開火。

現在約旦河西岸和迦薩地帶的情勢比那時候還要複雜幾百倍，因爲屯墾者都愛惹是生非。屯墾區就蓋在阿拉伯城鎮旁邊。屯墾者有武器，也有士兵保護。戈爾德施泰因就是以色列軍事後備隊的一員。他們會走到阿拉伯的村莊去禱告、鬧事。他們敲破阿拉伯人的窗戶，燒他們汽車，恐嚇他們。自巴拉克在一九九九年七月上台後，屯墾區快速增加。在他任內，屯墾區增加的數目要比納坦雅胡任內多，而當然更比裴瑞斯和拉賓的時候多。所以屯墾區的問題是很嚴重的，因爲它會讓巴勒斯坦人的領土流失，並帶來一些好生事的以色列國民。這是和平進程的基本瑕疵之一。巴勒斯坦人爲和平進程歡欣歌唱之際，以色列卻讓一個巴勒斯坦國更爲不可能存活。到處都有以色列人。他們控制了約旦河谷。這樣，即使巴勒斯坦人可以建國，他們的國家也將不可能跟任何阿拉伯國家有接壤線。透過屯墾區和軍事據點，以色列控制了所有的邊界。

美國的猶太復國主義者

•你為埃及的《金字塔週刊》（*Al-Ahram Weekly*）寫了三篇系列性的文章，題目是〈美國的猶太復國主義〉（American Zionism）。㊴在第一篇文章裡，你討論了以色列大報《國土報》（*Ha'aretz*）記者沙維特（Avi Shavit）對你的一次訪談。你從這種互動中得到了某些看法。

我寫那篇文章，是想在以色列和美國的猶太復國主義者之間做一個區分。以色列猶太復國主義者的立場是，巴勒斯坦人是存在的，是次一等的人。當然，以色列猶太復國主義者右翼和左翼對巴勒斯坦人的態度是有若干差異。右翼說：「他們被我們征服了，所以就得當我們的僕人。」左翼則說：「我們可以用某種較不引起反感的方式重新安頓他們。」但他們承認巴勒斯坦人存在的態度卻是一致的，而這是因爲今天以色列人幾乎每一分鐘都可以看到巴勒斯坦人。巴勒斯坦人有在台拉維夫這些地方當僕人的、當餐廳侍者的、當司機的、開計程車的。佔領區和耶路撒冷的巴勒斯坦人就更多了，所以，以色列的猶太復國主義者是意識到巴勒斯坦人的存在的。但美國的猶太復國主義者卻相反，他們根本不把巴勒斯坦人當成眞實的存在。他們有一種狂想，認爲所謂的巴勒斯坦人，只是一種沒有根據的意識形態虛構，是爲困擾以色列而被創造出來的，也因此是反猶太主義的化身。路易士就反覆這樣說，說那是一種阿拉伯人的反猶太主義。因爲把巴勒斯坦人抽離於歷史，因爲罔顧巴勒斯坦人自一九六七年起就受到軍事佔領的事實，美國的猶太復國主義者比以色列的猶太復國主義者要危險許多。他們認爲可以把巴勒斯坦人當成微生物一樣來對待。

• 那篇訪談被放在顯著的版面。

它被放在《國土報》星期五增刊的首頁。⑩沙維特的觀點跟我的顯然相當不同，但至少他願意聽聽我說些什麼。這篇訪談永遠不可能出現在美國的報紙。他們永遠不敢登這樣的東西。整個巴勒斯坦人的問題在美國形同禁忌，只能被放在邊緣又邊緣又邊緣的位置。很多美國的猶太人組織都致力把這種打壓維持下去。

美國的民意是走在官方政策前面的，我們應該緊密恆常監視媒體

•幾年前你為BBC製作了一部紀錄片，名叫《尋找巴勒斯坦》（*In Search of Palestine*）。㊶**在「BBC二台」和「BBC世界」播出過後，它就形同消失了。英國廣播公司幾乎完全找不到願意播它的美國電視台。為什麼會這樣？**

這是巴勒斯坦人觀點的電影在美國的一貫下場。猶太人組織系統性地打壓它們、封鎖它們。如果是在電視播出的話，他們會讓節目的廣告業主知道，不撤回支持的話將會付出高昂代價。你想播一部巴勒斯坦人觀點的影片，就得播五部以色列人觀點的影片。我拍那部紀錄片碰到的差不多就是這樣的事。沒有人要播它。BBC在美國找不到願播它的電視台。最後，我透過私人關係讓它在紐約的第十三頻道播出了一次，而據我所知，它也在舊金山的公共電視播出過，但也只是一次。基本上，那影片已經消失了。把巴勒斯坦人描寫爲有歷史和有政治訴求的一群人，在美國是個禁忌。

還有一個例子。自阿克薩抗暴運動在十月底爆發以來，《紐約時報》只登過三篇站在巴勒斯坦人一邊的文章，作者一個是以色列人，一個是約旦人，第三篇的措詞非常強烈，作者帕切科（Allegra Pacheco）是一個以色列律師，他當時人在美國[42]。其他文章都是偏向以色列。包括《華盛頓郵報》在內的所有大報莫不如此。所有的報導都看不到地圖，所以你根本搞不清楚巴勒斯坦人失去了什麼或他們的生存空間有多麼狹小——只剩下約旦河西岸和迦薩地帶一小片一小片活像「黑人家園」的土地。

其結果就是，流傳在美國民衆意識的巴勒斯坦或巴勒斯坦人圖像是相當狹隘的。幸而，一些另類的資訊來源已陸續出現。你主持的「替代電台」（Alternative Radio）顯然就是其中之一。網路也讓人可以讀到以色列報紙、英國報紙和阿拉伯報紙的文摘，讀到世界各地獨立記者所寫的報導。但官方的觀點仍然鋪天蓋地，根據這種觀點，以色列是一個被圍困的國家，是一個受害者，而阿拉伯人之所以不接受以色列，是因爲反猶太主義心態作祟。

同樣值得一提的是阿拉伯世界本身也是處於一種很糟糕的狀態。它們的統治者無一不是獨裁者和反民主主義者。沒有民主制度可言。阿拉伯人為此付出了最慘重的代價。那代價不是美國付的，而是阿拉伯人付的，他們的普遍處境——不管是健康、教育、收入水平、基礎建設、交通運輸或環境——過去幾十年來都穩步惡化，而且自和平進程在一九九〇年代初期展開以來，更是急速下滑。我想這也解釋了為什麼每一個阿拉伯國家的民意都是站在巴勒斯坦人的一邊。那反映的是人們對統治者的不公義的憤慨，不管那統治者是軍事佔領巴勒斯坦土地的以色列，還是作為以色列傀儡的巴勒斯坦自治政府，還是摩洛哥或埃及政府這些鎮壓人民的政權。這一切全是有美國支持的。所以不值得驚訝的是，現代中東歷史正邁向一個重大的轉捩點。

•要怎樣才能逆轉有關阿拉伯世界的大眾論述的不健康素質？

首先要做的是動員美國這裡的團體（這樣的團體很多），去為巴勒斯坦人的權利挺身而出，為巴勒斯坦人、其他阿拉伯人和以色列人之間的和平與和解而努力。換言之，我們需要動員美國這裡的民意。我們必須施更多的壓力。自一九七〇年代初期開始我就注意到，美國的民意是走在官方政策前面的。美國的在位者、以色列遊說團體和媒體都是化約主義者，立場遠遠落在大部份美國人的後面。只要給美國民衆一點點機會，它們就會知道誰站在正義的一邊，誰站在不正義的一邊。我們應該緊密恆常監視媒體，指出它們報導的不平衡之處——這是很重要的，而且在全國都有人開始這樣做。我們還應該用抗議信去轟炸電視台和《紐約時報》之類的報紙，發起有組織的運動，逼他們改弦易轍。

其次最要緊的是掀掉以色列軍事佔領的正當性。我說過，這種佔領已持續了三十三年。這是可能的，就像當年的反種族隔離運動最終讓種族隔離政策無法維持下去。以色列是美國歷史上接受過最多美援的國家。美國的學術機構和以色列的大學經常有交流活動。我就曾呼籲過，應邀到以色列大學訪問的同仁也應該到巴勒斯坦的大學走走。我們必須主動去做這樣的事，必須爭取學術團體、作家團體、藝術家團體、知識份子團體、反帝國主義團體和反歧視團體的支持——這樣的團體在美國所在多有。我們應該跟民權運動、黑權運動、反戰運動和女權運動合流，讓解放巴勒斯坦人的鬥爭成爲一個更大的鬥爭的一部份。

美國把數百億美元的軍火賣到中東，有賣給波斯灣國家的，有賣給以色列的。

㊸它們是世界最大的軍火購買國之一。我們得做的是把帷幕掀開，讓有關中東的辯論不再因爲以色列遊說團體的壓力而蹣跚。就像《時事評論》（*Commentary*）或《新共和》（*New Republic*）追著某個人打並不代表他應該噤聲，我們不應該怕紙老虎。它們得到的支持事實相當稀薄。它們的吵鬧聲比他們有權發出的要大。

只要能把年輕人動員起來，只要能喚起人們的批判意識，那逆轉潮流就是可能的。我們沒有不這樣做的口實。

真正的政治願景只能以和平共存和互相合作為思考前提

・媒體一直相當注意「哈瑪斯」（Hamas）和「伊斯蘭聖戰」（Islamic Jihad）這些巴勒斯坦派系組織。巴勒斯坦民間社會的情況如何？

在中東，有錢人與窮人之間的鴻溝愈來愈寬。全球化因爲把各國的經濟體轉化爲讓冒險資本可以逐鹿的巨大消費市場，使情況雪上加霜。一些與政權有關係的孤立部門不斷發利市，但廣大群衆則生活在貧窮中，他們找不到工作，沒有能力供子女溫飽和上學念書。依我看，把伊斯蘭教團體視爲只是恐怖組織是錯誤的。它們顯然做了一些政府所沒有做的事。中東阿拉伯人的政府無一例外都是腐化的，預算都是用在一些大而無當的計畫上。以巴勒斯坦人的預算爲例，幾乎沒有預算是用在基礎建設，但官僚組織卻可以獲得大筆大筆撥款。人們會去清眞寺和宗教學校，就是因爲可以從那裡獲得別處得不到的維生物資。就軍事上來說，「哈瑪斯」和「伊斯蘭聖戰」的好戰主義者一直都是不成功的。除我剛才說的維生物資以外，他們也沒有能帶給老百姓什麼遠景。

換言之，「哈瑪斯」成立這二十年來，從未能許老百姓以一個未來，而理由很簡單，那就是它根本提不出一個未來的願景——埃及的「穆斯林兄弟會」或阿爾及利亞的「伊斯蘭解放陣線」（Islamic Salvation Front）也有同樣問題。你不能把伊斯蘭教當成解決一切的萬靈丹。你必須要處理電力、自來水、環境衛生和交通運輸等等問題。這些都不是單單抬出伊斯蘭教就解決得了的。所以在這個層次上，他們是失敗的。至於有些人所建議的，讓世俗主義成爲主導的力量，我認爲是個複雜的問題。因爲在面對以色列、美國和當權者的侵凌時，伊斯蘭教仍然是阿拉伯穆斯林的最後文化碉堡。因此，我會說它是一個抵抗的象徵，而不是可以馬上轉化爲政治願景的東西。它不是這樣的東西。眞正的政治願景只能以和平共存和互相合作爲思考前提，比方說把目標放在建立一個阿拉伯的共同市場，想辦法做到資源共享，致力於制定共同的移民政策和建立某種程度的整合等。這樣的努力沒有見諸過去兩代人。

雙民族國家

・你去年曾經倡議一個雙民族國家的方案㊹，也就是說讓巴勒斯坦人和以色列人共組一個國家。你的用意何在？二〇〇〇年的抗暴運動有沒有改變你的看法？

當今的首要之務是結束軍事佔領。而我的建議是從一個活生生的事實催生出來的。巴勒斯坦人和以色列人太密不可分了，而那片土地也太小了，根本不可能讓一群人對另一群人的軍事統治長久維持下去。我是很反對把人從他們的定居地驅逐走的，因為我們自己就遭遇過這種事。然而，我還是認為屯墾區應該拆除。但這不是要把屯墾者趕走，而是讓他們與巴勒斯坦人像鄰居一樣共同生活，生活在一個基本上同質的國家裡。這個國家歷史上稱為巴勒斯坦，至於建立單一國家以後該稱為以色列還是巴勒斯坦國，我都沒有異議。巴勒斯坦人和以色列人的經濟與歷史都太緊密交織在一起了，所以我認為，到最後，雙民族國家是唯一可行的長遠解決方案。

但是，在過渡階段，也許應該先讓巴勒斯坦人建國，讓他們不再受到軍事佔領。然後，巴勒斯坦國可以出於自由意志，決定跟以色列統一，而且不只可以跟以色列統一，甚至可以跟約旦、黎巴嫩和其他國家統一。中東是世界上人口非常稠密的地方，也深具整合的潛力。隔離是行不通的。因爲它只會讓一方變成弱勢，而讓另一方變得更強勢和顯得是個外來政權。這只會製造更多問題。自一九四〇年代起，隨著大部份阿拉伯國家得到獨立和以色列的建國，問題增加了好幾倍。它們沒有減少。人們是共存在一起，但卻是共存於鐵絲網之後，共存於猜疑與暴力之後。以色列或叙利亞或伊拉克所行使的國家暴力，是不可能產生人人都渴望的那種穩定與和平共存的。

我仍然認爲建立雙民族國家是最理想的解決方案，而且也一定會實現。不過，那當然是需要相當時間的，而一些巨大的歷史傷痛也必須想辦法去撫平。

・你的身體現在如何？

還可以。我得了一種無法治癒但可以阻緩的慢性病。我週期性必須接受治療。一個人上了年紀難免會失去一些什麼，但重要的是保持頭腦運轉。

．你的醫護狀況很有意思：你在長島一家猶太醫院接受治療，而照顧你的則是一個知名的印度裔大夫和一群愛爾蘭護士。

還有一個印度裔的助理醫師，而我則是個巴勒斯坦病人。那是個好地方。我感覺自己是個得天獨厚的人。我大概是那裡受過最長期密切治療的病人，迄今已歷時七、八年。他們對我非常好。我樂於由他們照顧。我不喜歡上醫院，也但願不用上。但如果一個人非上醫院不可，那是一個好所在。

．這聽起來跟你回憶錄《格格不入》（*Out of Place*，立緒文化出版時譯為《鄉關何處》）的書名大異其趣。

不，我仍然覺得自己格格不入，但格格不入是可以有程度高低的。相對於紐約的錯亂生活，醫院的生活變得非常可以讓人忍受。

．你接下來有什麼出書計畫？

我有一本大型論文集《流亡的反思》（*Reflections on Exile*）即將由哈佛出版。接下來還有一本名爲《文化、政治與權力》（*Culture, Politics, and Power*）的訪談錄，明年秋天會由萬神殿出版社出版。再下來是兩本小書，一本論歌劇，一本論人文主義。兩本都是來自我的講演。論歌劇那一本以我在劍橋大學的講座爲底稿。論人文主義那本則是來自我在哥倫比亞大學的講演。

・你還有時間從事你的副業——玩音樂嗎？

我正在整理一本我和一位朋友的談話錄。他是鋼琴家暨指揮家巴倫波因。㊺今年底就會完成。只要一抽得出時間，我就會彈鋼琴，跟幾個朋友玩玩室內樂。

註釋

① See Benny Morris, *The Birth of the Palestinian Refugee Problem 1947-1949*（Cambridge: Cambridge University Press, 1989）, among others.

② For complete tables and statistics on Palestinian refugees, see the website and report of the United Nations Relief and Works Agency for Palestine Refugees in the Near East（UNRWA）: http://www.un.org/unrwa/.

③ See Naseer H. Aruri, ed, *Palestinian Refugees: The Right of Return*（London: Pluto Books, 2001）.

④ For detailed reports on the settlements, see the website of the Foundation for Middle East Peace（FMEP）and its newsletter *The Report on Israeli Settlement in the Occupied Territories,* which is available online at http://www.fmep.org/.

⑤〔譯註〕指歐威爾的政治幻想小說《一九八四》。此書以一個想像的未來警察國家影射共產政權的弊害。書中國家的所有書報文獻都會因爲黨的需要不斷反覆竄改。

⑥有關阿克薩抗暴運動詳細死傷數字，見以下網站：B'Teslem（The Israeli Information Center for Human Rights in the Occupied Territories）; the Palestinian Red Crescent Society at http://www.btselem.org/English/Statistics/Al_Aqsa_Fatalities_Tables.asp and http://www.palestinercs.org/crisistables/oct_2000_table.htm.

⑦ David R. Francis, "Economist Tallies Swelling Cost of Israel to US," *Christian Science Monitor,* December 9, 2002, p. 16. Official U.S. aid since 1973, calculated in 2001 dollars.

⑧ See Stephen Zunes, "UN Resolutions Being Violated by Countries other than Iraq," Foreign Policy in Focus, October 3, 2002. Available online at http://www.fpif.org/.

⑨"The Spreading of Palestine's War," *The Economist*（U.S. Edition）, October 28, 2000.

⑩ See Samih K. Farsoun and Christina E. Zacharia, *Palestine and the Palestinians*（Boulder: Westview Press, 1997）, pp. 123-25.

⑪ See The Palestinian Academic Society for the Study of International Affairs（PASSIA）, *The Palestinian Question in Maps: 1878-2002*（Jerusalem: PASSIA, 2002）, Maps 40-48（pp. 110-27）.

⑫ See the website of The Foundation for Middle East Peace（http://www.fmep.org/reports/）.

⑬ See, among other sources, Norman Finkelstein, *Image and Reality of the Israel-Palestine Conflict,* updated ed.（New York: Verso, 2003）and Noam Chomsky, *Middle East Illusions*（Boulder: Rowman and Littlefield, 2003）.

⑭ See Robert Fisk, "Bloodbath at the Dome of the Rock," *The Independent*（London）, September 30, 2000, p. 1.

⑮ See Emma Brokes, "The Bulldozer: These are Busy Times for Ariel Sharon," *The Guardian*（London）, November 7, 2001, p. 2.

⑯ Robert Fisk, "This is a Place of Filth and Blood Which Will Forever Be Associated with Sharon," *The Independent*（London）, February 6, 2001, p. 1. See also Robert Fisk, *Pity the Nation*: The *Abductions of Lebanon,* updated ed.（New York: Nation Books, 2002）.

⑰ See Julie Flint, "The Sharon Files," *The Guardian*（London）, November 28, 2001, p. 6.

⑱ Nicole Gaouette, "Deep Splits Face Israel's New Leader," *Christian Science Monitor,* February 7, 2001, p. 1.

⑲ Ross Dunn, "Muslims Shot in Clash at Jerusalem Site," *The Times*（London）, September 30, 2000.

⑳ See Naseer H. Aruri, *Dishonest Broker: The U.S. Role in Israel and Palestine*（Cambridge: South End Press, 2003）, chapter 10. See also Tanya Reinhart, *Israel/Palestine: How to End the War of 1948*（New York: Seven Stories Press, 2002）.

㉑ Aruri, *Dishonest Broker,* chapter 20.

㉒〔譯註〕以色列是在一九四八年佔領西耶路撒冷，在一九六七年佔領東耶路撒冷，又在一九八〇年宣布整個耶路撒冷爲其首都。

㉓〔譯註〕一九六六至一九七六年間以色列外交部長。

㉔ Barak quoted in Lee Hockstader, "Israeli Helicopters Hit Key Palestinian Offices," *Washington Post,* October 31, 2000, p. A1.

㉕ Clyde Haberman, "Yitzhak Rabin: Pragmatist Leading Israelis From Isolation to New Peace," *New York Times,* September 12, 1993, p. 1:12; Sarah Helm, "Talks Reveal a Glimmer of Hope on Golan," *The Independent*（London）, September 4, 1992, p. 9.

㉖ David Zev Harris and Margot Dudkevitch, "Settler Leaders Upbeat after 'Positive' Meeting with Beilin," *Jerusalem Post,* February 11, 2000, p. A4.

㉗ See Seymour M. Hersh, *The Samson Option: Israel's Nuclear Arsenal and American Foreign Policy*（New York: Random House, 1991）; Avner Cohen, *Israel and the Bomb*（New York: Columbia University Press 1998）; BBC World News, "Israel ' May Have 200 Nuclear Weapons,'" August, 23, 2000. Report available online at http://news.bbc.co.uk/1/hi/world/middle_east/892941.stm.

㉘ Harvey Morris, "Demography Drives Debate in Israel Over Settlements," *Financial Times*（London）, June 14, 2002, p. 11.

㉙〔譯註〕巴勒斯坦人迄今有過兩次大起義（抗暴運動），一次是在一九八七年，另一次是在二〇〇〇年夏隆訪問阿克薩清真寺之後。但這些所謂的起義基本上都是以石頭對抗以色列人的槍炮。

㉚ See "MKs Almost Come to Blows over Umm el-Fahm," *Jerusalem Post,* October 21, 1998, p. 4.

㉛ Sharon Waxman, "Israeli Jews and Arabs Find Common Ground at 'Peace Tents,'" *Washington Post,* October 18,

2000, p. A23.

㉜〔譯註〕南非白人政權下台後，聖公會大主教圖圖所建立的一個委員會，意在還原歷史眞相的同時，化解黑人與白人的宿怨。

㉝〔譯註〕一九一七年英國表示贊同猶太人在巴勒斯坦建立民族家園的宣言，因由英國外交大臣巴爾福在寫給英國猶太人領袖羅思柴爾德的一封信中提出，故名。

㉞ See quotations in Noam Chomsky, *Deterring Democracy,* updated ed.（New York: Hill and Wang, 1992）, pp. 434-35.

㉟〔譯註〕維也納記者，於一八九七年發起現代猶太復國運動。

㊱ See Nur Masalha, *Expulsion of the Palestinians: The Concept of "Transfer" in Zionist Political Thought, 1882-1948*（Washington, D.C.: Institute for Palestine Studies, 1992）, p. 9.

㊲ See Ian Fisher, "In Grief, Israeli Family Questions Army Aid to Settlers," *New York Times,* December 18, 2002, p. A10. See also PASSIA, *Palestine Question in Maps,* Map 29（pp. 78-79）.

㊳ Chris Hedges, "Soldier Fired at Crowd, Survivors of Massacre Say," *New York Times,* March 16, 1994, p. A1.

㊴ Edward W. Said, "American Zionism — The Real Problem," three parts, *Al-Ahram Weekly* 500（September 21-27, 2000）, 502（October5-11, 2000）, 506（November 2-8, 2000）. Online at http://www.ahram.org.eg/weekly/.

㊵ Ari Shavit, "My Right of Return," *Ha'aretz*, August18, 2000.

㊶ *In Search of Palestine: A Documentary Film Narrated by Edward Said*（London: BBC, 1998）.

㊷ Rami G. Khouri, "Israel's Deadly Errors," *New York Times,* October 10, 2000, p. A27; Allegra Pacheco, "Palestinians in a State of Siege," *New York Times,* March 16, 2001, p. A19; Amira Hass, "Separate and Unequal on the West Bank," *New York Times,* September 2, 2001, p. 4: 9.

㊸ Richard F. Grimmett, *Conventional Arms Transfers to Developing Nations, 1994 to 2001*, August 6, 2002（RL31529）（Washington, D.C.: Congressional Research Service, 2002）. See also Gideon Burrows, *The No-Nonsense Guide to the Arms Trade*（London: Verso, 2002）.

㊹ Edward W. Said, "The One-State Solution," *New York Times Magazine,* January 10, 1999, p. 6: 36-39.

㊺ Daniel Barenboim and Edward W. Said, *Parallels and Paradoxes: Explorations in Music and Society*（New York: Pantheon, 2002）.

他們希望的是我閉嘴

What They Want Is My Silence

二〇〇一年五月二日
新墨西哥州，聖大菲

•自從阿克薩抗暴運動①去年十月爆發以來，發生了好些事件，其中包括夏隆當選以色列總理。你對目前的局勢有什麼看法？ 71

現在是個僵局。除了想回到一個更原先、幾乎是原始的立場以外，我不認爲雙方有什麼明確的方向：巴勒斯坦人想要留在他們的土地上，盡其所能繼續抵抗；以色列則想把他們趕走。這就是夏隆的政策。以色列人稱這樣的政策爲「抑制」，但事實上卻是用強弱懸殊的武力——包括武裝直升機、飛彈和坦克——來對付基本上手無寸鐵、毫無自衛能力的平民百姓。這是一種完全不平衡的狀態，但美國的媒體卻蓄意忽略。這不是一場兩個國家之間的交戰。那是一個國家裡面的戰爭，由一支 72
殖民軍隊使用各種集體懲罰的方式來攻擊一群被殖民、沒有國家的人民。政治上來說，抗暴運動沒有任何進展。以色列只想保有它的既得利益，而巴勒斯坦自治政府想的是恢復柯林頓主政最後那段日子所到達的談判階段。至於巴勒斯坦人民，想要的是以色列佔領結束。

・巴勒斯坦人現在比從前更善於說出自己的困境，提出自己的論述嗎？

我不認爲如此。以色列的力量太強大了，巴勒斯坦人根本沒有一絲機會。他們沒有組織。現在是有一些網站可以讓人取得有關巴勒斯坦的最新資訊。但地圖這一類能夠眞正顯示問題癥結的東西卻不容易得到，也沒有眞正意義下的論述。美國各大報都總是不斷強調「巴勒斯坦人的暴行」，把它們說成是無理的和衝著猶太人而發的。以色列方面宣傳攻勢相當龐大，它雇用了一些公關公司進行遊說，讓整個美國國會都任其使喚，而因爲它得到美國提供的龐大資金、政治與其他資源，也使得聯合國束手無策，難以保護巴勒斯坦平民，免遭以色列部隊的殺戮。②最終結果就是一個偏頗的處境，巴勒斯坦人正在慢慢死去。迄今已死了超過四百人，超過一萬四千人重傷，但換到的政治利益卻寥寥無幾。③這是一個悲慘和讓人完全不能接受的局面。

我們必須向以色列人民散發信息，但卻從未這樣做過

．有關阿克薩抗暴運動的消息，如今已退到報紙不起眼的角落。例如，今天的《阿爾伯克基日報》（*Albuquerque Journal*）只在第四版有短短一則消息。《紐約時報》在第十一版有一則。④至於聖大菲這裡的地方報《新墨西哥人》（*The New Mexican*）更是隻字全無。看來，除非有什麼重大變化，抗暴運動的不被聞問已成定局。

我的印象是，這相當類似一般以色列人的感覺：阿拉伯人是無足道哉的討厭鬼。在台拉維夫、海法和海爾茲利亞（Hertzlia）這些地方，以色列人的日常生活都是照常過的。他們跟正在發生的事情完全絕緣。就連約旦河西岸和迦薩地帶的屯墾者都不是一定會看到巴勒斯坦人或需要跟他們打交道。他們是被保護的、自成一國的，就像南非種族隔離時期的白人一樣——在南非，這是因為「黑人家園」系統使然，也因為道路是築在看不到黑人的路線。不斷地侵佔，不斷地圍困。巴勒斯坦人的經濟就是這樣被扼住喉嚨的。沒有人報導這事。然後以色列又把自己塑造成一個被圍攻的受害者。這一套完全是延續希特勒對付猶太人的方法：用最寡廉鮮恥的宣傳手

法把罪過歸咎於受害者。

• 美國猶太人委員會（American Jewish Committee）在今天的《紐約時報》登了一篇整版的文宣，把以色列人對這場衝突的陳腔濫調又重複了一遍。⑤面對這種宣傳攻勢，巴勒斯坦人要怎樣才能讓自己的聲音被聽見？

這些文宣讓人髮指，因爲它們基本上是謊言，不只是謊言，而且還斷章取義。它們引用埃及和敘利亞的一些報紙段落（例如說某個伊斯蘭教宗教領袖說了猶太人什麼壞話），但又不提供脈絡。事實是，一個猶太人國家正在以猶太民族之名攻擊巴勒斯坦人，所以阿拉伯和伊斯蘭世界對猶太人的恨意是跟以色列的所作所爲有因果關係的。阿拉伯人恨猶太人，不是反猶太主義心態作祟，而是因爲以色列的野蠻行徑。除了野蠻，沒有別的字眼足以形容以色列的行徑。

其次，那篇文宣並沒有顯示出猶太人方面有多麼強烈的種族主義。幾天前，神諭黨（Shas Party）⑥的大拉比尤素福（Ovadia Yosef）才說過，應該把巴勒斯坦人滅絕；他說他們是蛇，所以理應殺死。⑦如果你瀏覽以色列的報紙，會發現它們對阿拉伯人和穆斯林和巴勒斯坦人的仇視心態，要比這篇文宣的引述言論更煽惑強烈得多。

它們大部份說不定是美國猶太人委員會捏造來迷惑不知情的美國人的。美國民衆不知道他們的錢被用來資助什麼事情。以色列對巴勒斯坦人的鎮壓是以五十億美金爲後盾的，那是美國納稅人的錢，是美國政府無條件交給以色列人的；除此以外，我們還支援以色列武器，以色列說他們拿這些武器來自衛，但實際上卻是用來侵略。

遺憾的是，巴勒斯坦人迄今還不明白，我們所需要的是一個有組織性的運動——我認爲這樣的運動是搞得起來的。大群大群分處各地的巴勒斯坦人一直沒有被動員起來。不管是在巴勒斯坦還是阿拉伯世界，都有很多資源一直未被動員。我們的鬥爭還處於很初始的階段，依然在爲應由誰領導和往哪個方向走爭吵不休。雖然已經有了一個自治政府，但我們實際上仍處於專制統治下，因爲這個自治政府只知道千方百計控制資訊的流通，以便它可以繼續保有權力和回到一個沒有人想要的談判去。大部份巴勒斯坦人當然不想恢復談判，因爲這只會讓以色列有權把屯墾行動繼續下去。以色列的屯墾區在巴拉克總理任內急速增加。大部份人都以爲巴拉克是個慷慨的好人，而他之所以會敗選（譯註：指在總理選舉中敗於夏隆），是因爲對巴勒斯坦人的態度太軟弱。事實上，他的殘暴不亞於夏隆。在他任內，屯墾區的成長率比他前四、五任以色列總理都要高。

所以，以色列的政策是有連續性的，也就是不停地、積極地壓迫巴勒斯坦人和壓縮他們的生存空間，其使用的方法連種族隔離時代的南非都要瞠乎其後。這一點有需要被指出來，因爲一直以來，巴勒斯坦的領導階層和很多菁英份子都相信，能夠解決問題的方法是引起美國政府的注意。但你看看國務卿鮑爾（Colin Powell）要求以色列撤出迦薩地帶時說了些什麼——他基本上是認爲，以色列會在四月中入侵迦薩地帶，應該歸咎於巴勒斯坦人的挑釁。布希政府跟歷來的美國政府一樣，對巴勒斯坦人的憧憬都是具有敵意的。因此，我們應該把著力點放在美國境內對我們友善的團體，如大學、教會、美國黑人社群、拉丁美洲裔社群、婦女團體等。我們一直都太忽略它們了。

・巴勒斯坦人處境受到忽略的根本原因何在？為什麼一直以來都沒有更多的超越？

大概是因爲巨大的絕望感和被圈禁感。所有巴勒斯坦人所承受的情緒壓力再怎麼高估都不爲過。我們被一個無情的敵人殺戮，而唯一能有的抵抗方式只是靠年輕人向坦克、飛彈和武裝直升機投擲石塊。這是一個基本的現實。我們有一個無法領導的領袖，而理由不只一端。其中之一是這個領袖被關了起來。阿拉法特被困在拉姆安拉（Ramallah）已經有幾個月。以色列人把他關在一個小室裡，再把鑰匙扔掉。⑦他去不了迦薩地帶。另外，以色列正在實行一個不講審判程序的暗殺政策，只要誰當上巴勒斯坦人的領袖就會把誰幹掉。大部份巴勒斯坦人都拮据得要命，沒有錢可以買食物餵飽兒女。大部份人都沒有工作，超過五十%的人失業。⑨在某個意義下，我們是孤單的。我們被包圍起來。我們在一個敵人手中已經掙扎了一百年，但這個世界對我們仍然不聞不問。這就是主要的理由。

另一個理由是無知。包括知識份子在內的巴勒斯坦菁英，仍然以爲有捷徑可以影響美國。他們不知道，美國乃是以色列背後的黑手，沒有美國，以色列根本不敢像現在這樣蠻幹。巴勒斯坦的政治菁英不懂得美國是怎樣運作的，哪些才是可能的施力點。每當這些施力點被觸動，都能夠起作用。例如，在二〇〇〇年的一項努力，成功地阻止了班傑公司（Ben & Jerry）使用取自戈蘭高地以色列屯墾區的水來製造冰淇淋。⑩班傑公司成了被杯葛的對象，最後終於屈服。這些策略證明是有效的。我們需要的是一個新的領導班子，它由知識份子組成，知道應該把重點放在哪些行動上，而不是整天擔心兮兮阿拉伯聯盟會怎麼想，或把指望寄託在英國人和德國人身上。我們應該把焦點固定在那些大角色上。其中一個大角色是以色列和以色列人民。

我們必須向以色列人民散發信息，但卻從未這樣做過。另一個大角色是美國和美國人民——至少是大城市裡那些願意幫助我們終止這場無休止戰爭的群體。

•你認為，阿拉伯人在多大程度上是地域主義的呢——特別是在美國這裡？

美國的阿拉伯人是一個相對新的群體。他們大部份都是剛來不久，缺乏整合，政治上不成熟，習慣以母國的政治觀點爲依歸。敘利亞裔以敘利亞政府的態度爲依歸，埃及裔以埃及政府的態度爲依歸，黎巴嫩裔以黎巴嫩政府的態度爲依歸。很多在中東看到的問題在這裡都看得到。有些黎巴嫩人不信任另一些黎巴嫩人，這是黎巴嫩國內派系敵對的小翻版。黎巴嫩人與敘利亞人並不親近。黎巴嫩人與巴勒斯坦人也不親近。所以確實存在問題。但那不完全是地域主義的結果。他們身處一個不熟悉和不確定的處境中，忙著整合到美國的社會，所以目前還無法以有自信、有能力的美國公民身分發揮力量。希望只能寄託在下一代，也就是我孩子的一代——我認爲他們都是有高度政治意識的。他們正在慢慢組織起來。這需要時間。

猶太人也是到了大約一九六七年之後才整合起來的，那是因爲以色列打了勝仗，讓整合者有籌碼可用。反觀我們來到美國的巴勒斯坦人卻是活在軍事、政治失敗和失去領土的陰影中。這是很難逆轉的。我們有失敗感，而這是必須加以克服的心理創傷。這也是爲什麼我們必須向美國的解放團體和全世界的解放運動學習的緣故。但我們一直沒有好好利用這方面的資源。美國和全世界有很多人都是心懷善意和願意幫助我們的。

一場文化與資訊的戰爭

•你認不認為年輕一代比你這一代要少一些恐懼？

毫無疑問是這樣。他們也對我們這一代所做的事相當輕蔑，而這是可理解的——看看整個阿拉伯世界有多麼烏煙瘴氣就可以理解。但這種輕蔑卻讓他們無法從我這一代吸取經驗，利用我們累積出來的知識和成就。這一點，是我在一些新成立的阿拉伯人組織跟年輕人共事時所發現的。這些新的組織都是從零做起，回頭去做一些我們已經做過而沒有需要再做的事。他們應該把我們做過的事當成基礎，而不是忽略罔顧和輕蔑地推到一旁。世代的連續性是一個必須處理的問題。我認爲它正在被處理。

不管在人數或資源上，我們都遠遠不及猶太人或很多其他的美國族群，然而，每次我到美國的各大學演講，都會看到很多很有能力的阿拉伯年輕人，而他們都懂得跟美國黑人團體、女性主義團體和印第安人團體攜手共事。我們現在需要的是一個機制，以及重新省思怎樣才能把所有力量結合在一起。

•你剛在貝靈厄姆（Bellingham）的西華盛頓大學演講了一場。反應如何？我問這個，是因為那兒的氣氛與柏克萊、麥迪遜和博爾德（Boulder）都大異其趣。

我的講題是人文主義，沒有涉及巴勒斯坦。但那天稍早，我跟五、六十個念人類學、文學和政治學的學生舉行了一場座談。他們讓我驚訝。他們都相當敞開，不只敞開，而且還對巴勒斯坦人的處境表示同情。聽衆當中沒有阿拉伯學生。他們大部份是來自美國西北部。他們相當了解巴勒斯坦人的處境、中東政治情勢和猶太復國主義者在美國進行的遊說活動。更諷刺的是，他們其中一個教授（大學裡最有名的教授之一）就是美籍猶太人，但卻不是猶太復國主義者。就是因爲他上課時指定學生讀我和杭士基等人的書，這些孩子才會想來聽我演講。這是個好例子。

幾星期以前我在普林斯頓作了好幾場演講。聽衆中有少數看來是右翼的極端猶太復國主義者。其餘的心胸都很開闊，有同情心。上星期我在倫敦演講。聽衆想必超過二千人，其中很多是阿拉伯人，但也有不少是英國人。我也在亞非研究學院（School of Oriental and African Studies）演講。數以百計的聽衆分別是來自第三世界各個國家。他們同樣讓我驚訝，因爲他們也是同樣的心胸開闊和願意了解巴勒斯坦人的處境。我們從未有系統性地利用過這種方法。因循的阿拉法特政權可謂愚蠢到家。

所以我努力爭取一些目光，讓他們會想到要幫助巴勒斯坦人。無疑我們目前面對的是求生存的問題。但我認爲我們總得要超越求生的問題，去打一場文化與資訊的戰爭。在以色列國內，一樣有以色列人亟想知道我們的想法。我們必須讓他們知道，猶太復國主義者從未做過任何對他們有益的事。已經有更多的以色列人明白到，儘管以色列挾有強大的軍事、經濟和政治力量，但它卻要比從前更不安全。因爲以色列的領導階層未能讓人民了解這一點，我們必須去做這件事。所以，我們可以做的事很多，而它們都是切實可行的，我們犯不著去搞自殺炸彈攻擊或徒勞地向坦克投擲石塊，把自己暴露在以色列軍隊的面前。

•你認為聯合國在解決巴勒斯坦問題上可以扮演什麼角色？

聯合國的架構是絕對少不了的。不幸的是，阿拉法特和巴解組織跑去馬德里跟以色列談判之舉，等於是丟掉了聯合國這把保護傘。他們對安理會第二四二號和第三三八號決議案只有口頭上的尊重。這些決議案禁止以色列兼併巴勒斯坦土地和徵用更多的土地，而這些都在奧斯陸和平進程展開期間被違反了。現在我們作爲巴勒斯坦人必須做的是向領導階層施壓，要求他們停止跟以色列進行進一步的談判，除非以色列接受第二四二號和第三三八號決議案的原則。我們應該透過聯合國大會而非安理會——這是因爲美國在安理會握有否決權——向以色列施壓，抑制以色列對平民百姓開火的暴行。

攻擊我反而讓我受寵若驚，因為那讓我顯得重要

•從加拿大的《國家郵報》（*National Post*）到《華爾街日報》到《時事評論》到《新共和》，你都是挨批的靶子。[11]**你怎樣回應？**

我沒有回應。回應只是浪費時間。批我的都是些恨巴勒斯坦人、阿拉伯人和穆

斯林恨得要命的種族主義者，看來是無可救藥的。另外，批我的也不是《新共和》或《國家郵報》的讀者，而是它們的老闆，像是佩雷茲（Martin Peretz）、布萊克（Conrad Black）和祖克曼（Mort Zuckerman）等。他們都是滿腦子歪理的有錢人，請得起人來讀我的東西和攻擊我。不過，他們老是攻擊我反而讓我受寵若驚，因爲那讓我顯得重要。而且，他們那樣做也只會引起更多人注意到我的工作和作品。寫更多的作品——這就是我的回應方式。他們希望的是我閉嘴。除非我死掉，否則這種事不可能發生。

•你在一九七八年出版的《東方主義》（*Orientalism*）裡說：「對一個住在西方——特別是住在美國——的巴勒斯坦人來說，生活是讓人灰心沮喪的。」⑫你至今還是這樣看嗎？

現在讓我灰心沮喪的事情是，很多我批評過的偏見、歪曲和對阿拉伯人與穆斯林的種族主義假設，至今繼續存在。顯然，我認爲我的書可以逆轉潮流的想法不是沒有道理的。但刻板印象卻每天都受到媒體的加強（不管是蓄意的還是因爲出於無知或懶惰），同樣的意象反覆出現，哪怕是想改變現狀的人也無力改變些什麼。我可以告訴你一個活生生的例子。伯恩斯（John Burns）是《紐約時報》駐印度次大陸的特派員。他大約五年前來找我，說他計畫向總編萊利維爾德（Joseph Lelyveld）申請一年的年休假進修，增加對伊斯蘭教和阿拉伯人的了解。那一年他先後待在哈佛和劍橋。我到哈佛演講時見過他一次。他說他正在有系統地鑽研阿拉伯人和伊斯蘭教的東西，以便將來可以從一種不同的觀點去報導這方面的事情——不再只是報導暴力和恐怖主義，而是報導阿拉伯文化的多樣性和這些社會各種有別於暴力和恐怖主義的潮流。一年後他回來了，結果怎樣呢？《紐約時報》仍然是在報導阿拉伯人的暴力和恐怖主義。所以，什麼東西容許報導，什麼東西不容許，媒體是有內建的規則的。在很多方面，現在的情形只比從前更糟。

但事情也有樂觀的方面，因爲這種偏頗的現象在全國各地都開始受到挑戰。出現了一些替代性的媒體（你主持的這個電台就是典型例子），而且蔓延得很快。有相當大量的資訊可以透過網路取得，而不同的國家——包括英國、法國和以色列——也同樣出現了一些替代性的報紙。至少在這方面來說，情況相當鼓舞人心。

一直有一股堅決的力量要壓制我講話和壓制別人聽我講話的機會。他們用的是懲罰性手段。他們會恐嚇你。他們會要求邀我的人取消演講。他們不是常常得逞，但這是他們企圖去做的。他們不會直接與你交鋒。這是非常懦弱的。例如布萊克就規定他在英國的記者絕不可以說巴勒斯坦人一句好話，也限制他們對以色列批評太過火。但他失敗了。包括吉爾摩（Ian Gilmour）在內的很多作者都作出反彈，而布萊克無法讓他們俯首。⑬美國這裡的情況沒有那麼好，因爲佩雷茲絕不允許《新共和》上面有一個字批評以色列。《紐約時報》一直不允許特稿的版面有不同的意見，要直到爆發了抗暴運動，情況才有一丁點兒改變。其餘的人全都是薩菲爾（William Safire）和弗德曼之流。所以我們只能指望別的地方，它們比較沒有那麼讓人灰心沮喪。

•杭士基說你「跟媒體和主流文化處於一種愛恨交加的關係」，因為一方面，你在文學批評上的成就受到肯定和表揚，但另一方面，你又是「〔媒體〕不斷中傷的目標」⑭。

他的處境也非常相似。他是個知名、傑出的語言學家。他在語言學上的成就一直受到表彰與頌揚。但他也同樣受到中傷，被指爲反猶太主義者和希特勒的崇拜者。不管指控我還是指控他的罪名都愈來愈荒誕不經，以至於帶點滑稽的味道。但他們自己卻渾然不覺。看看我在黎巴嫩南部擲那塊石頭引起了什麼事情？⑮（譯註：二〇

○○年七月，薩依德被記者拍到在黎巴嫩邊界向以色列崗哨投擲一塊石頭，照片登出，引起軒然大波。批評者要求哥倫比亞大學處理此事，但哥大最後以薩依德行爲受學術自由保護，拒絕加以懲處。）我擲它，是爲了對以色列佔領黎巴嫩南部二十二年的行爲表示不齒，是爲了以色列在一九八二年入侵黎巴嫩時所殺死的一萬七千人，是爲了在希姆（Khiam）監獄受到折磨的八千人——這監獄離我扔石頭的地點只有一英里遠。攻擊我的人張牙舞爪，但過了沒多久以後，人們就開始問：「這些人瘋了不成？」他們就像是從莫里哀的戲劇中走出來的角色：暴躁易怒、不可理喻，一生氣就會跺小腳。那從很多方面來說都是一股逆火。它阻止不了杭士基，也阻止不了我。

・擲石塊事件持續發酵。維也納的弗洛依德學會原邀你五月六日發表演講的，卻因為這事而取消邀請。⑯

這是以色列施壓的一個明顯例子。我在二○○○年夏天受到弗洛依德學會的邀請，而那是在擲石塊事件發生好一陣子之後。那照片最先是登在《國土報》，兩、三天後再出現在美國的媒體。那是七月上旬的事情，而我受到邀請則是在八月中。我在十月一日回函表示接受邀請。我給了他們演講的題目。直到第二年二月中，我突然收到他們的信，告訴我演講取消了。爲什麼？那位紳士說是因爲「中東的政治情勢和它的後續結果」。我馬上回一信，說我想知道一個有關弗洛依德的演講跟「中東的政治情勢和它的後續結果」有什麼關係。直到今天我還沒收到回信。但演講還是取消了。

我後來才知道發生了什麼事。他們得到一筆贈款，讓弗洛依德的手稿可以在台拉維夫展出，但捐錢的人是以色列和美國的猶太人，他們希望取消我的演講。弗洛依德學會乖乖照做了。這事情引起了相當大的抗議反彈。有十幾名世界最傑出的心理分析學家寫了一封聯名信，發表在《倫敦書評》（*London Review of Books*）⑰，抗議弗洛依德學會的做法。維也納的報紙無一不對弗洛依德學會口誅筆伐。因爲批評聲浪太大，那個可憐兮兮的會長——他是一名社會學家——不得不出面解釋，但他說的儘是蠢話，說什麼學會必須考慮到維也納猶太人團體的感情。但他又說不出來這一切跟我的演講有什麼關係。我對他說，弗洛依德是在一九三〇年代晚期被納粹逐出維也納的，而不過一、兩代人以後，同樣的心態又讓我因爲巴勒斯坦人的身分無法在維也納演講。⑱

不過，得知此事以後，倫敦的弗洛依德博物館馬上邀我去發表原定要在維也納發表的演講，時間任我選擇。因爲有其他外務，我無法在五月六日弗洛依德誕辰當天前去演講，要到了十二月才能成行。後來維也納的四個學術機構也邀我演講，包括了維也納大學、人文科學院、中東學院，我十一月去了。弗洛依德學會屈服於外界的壓力是不成熟和相當愚蠢的表現。

- **《獨立報》駐中東的特派員費司克指出：「辱罵和公然恐嚇已經到了指向任何膽敢批評以色列人的程度，不管你是學者、分析家還是記者。其張狂程度直追麥卡錫（McCarthyite）[19]的時代。對中東的無知在今日美國是那麼根深柢固，以致除一些小報以外，媒體都是以以色列的觀點看事情。」[20]**

我對包括洛杉磯、紐約、芝加哥、亞特蘭大、波士頓在內的大都會大報做過一項粗略調查。它們的報導一律都是來自以色列，也就是說，是它們駐耶路撒冷或台拉維夫的記者發回來的（耶路撒冷現已被兼併，所以要算作以色列的國土）。駐在阿拉伯世界而又以巴勒斯坦人觀點報導事情的記者少之又少。其次，即使記者以巴勒斯坦人的觀點看事情，他們的報導還是要先經過美國這裡的編輯台，修改成符合報社的一貫偏見、一貫的說詞。它們一貫強調的是巴勒斯坦人有多暴力和以色列人有多不安全，完全無視於有數以百計巴勒斯坦人被殺、數以千計巴勒斯坦人殘廢和受傷的事實——這些事實，都是明明白白寫在「國際特赦組織」、「人權瞭望組織」和「聯合國難民事務高級專員總署」的報告裡的。

想要證明巴勒斯坦人遭遇到什麼，我可以輕易拿出一打權威的引述給你看。但它們無一上得了各大報的版面，電視畫面就更不用說了。就連公共電視網或全國公共電台這些所謂的形象良好媒體也是一個樣。我打電話去問這是什麼回事，他們回答說是因爲有多如雪片的抗議信和電子郵件寄到它們的總部。這些抗議信顯然是猶太復國主義團體或公關公司主導的，好讓新聞只能聚焦在以色列和以色列的困境上。是有少數率直的人在《奧蘭多守望報》（*Orlando Sentinel*）、《西雅圖郵訊報》（*Seattle Post-Intelligencer*）、《Z雜誌》（*Z Magzine*）、《第蒙記事報》（*Des Moines Register*）、《哈德福新聞報》（*Hartford Courant*）上爲文揭發眞相，但爲數畢竟不多，而且也不是大部份讀者會讀到的。

恐怖主義是一個用來讓人民感到恐懼兮兮和不安全的虛構

•恐怖主義一向以來都是美國媒體的焦點。國務院剛發表了一份年度報告。被點名的恐怖主義國家包括了阿富汗、巴基斯坦、伊朗、伊拉克、利比亞、蘇丹和敘利亞，而它們全都是以穆斯林佔多數的國家。鮑爾在發表這份報告的時候說：「恐怖主義是一種頑疾。」㉑老是強調恐怖主義有什麼地理政治上的功能？

依我看，這種開口閉口恐怖主義的做法形同一種罪行。它讓美國可以在世界任何地方爲所欲爲。一九九八年轟炸蘇丹就是一個例子。美國政府幹這件事，是因爲柯林頓當時正爲莫妮卡·柳文斯基的緋聞所困。轟炸的口實是爲了摧毀一家恐怖份子的兵工廠，但後來才發現，被炸的是一家藥廠，而蘇丹有半數藥物都靠它供應。幾星期後，蘇丹爆發了一場瘟疫。㉒幾百人因爲得不到藥物治療而死亡，而他們之所以得不到藥物，則是因爲美國的任性轟炸。

恐怖主義是冷戰結束後華府的政策制定者所創造的煙幕，爲之搖旗吶喊的則有杭亭頓和艾默生（Steven Emerson）這批靠此爲生的人。那是一個用來讓人民感到恐懼兮兮和不安全的虛構。有了它，美國就有理由可以在全世界爲所欲爲。任何對其利益的威脅（不管是涉及中東的、石油的，還是美國在其他地方的地緣戰略利益的），全都會被貼上恐怖主義的標籤。以色列自從一九七〇年代中葉開始做一樣的事：把巴勒斯坦人的抵抗說成是恐怖主義。非常有趣的是，「恐怖主義」一詞乃是帝國主義的產物。法國用這個詞來指任何阿爾及利亞人反抗法國佔領的行爲（這佔領始自一八三〇年，終於一九六二年）。英國則把它用在緬甸、馬來西亞。總之，在帝國主義者眼中，恐怖主義代表的是一切對「我們」想要做的事的妨礙。

自美國成爲全球性的強權以後，就聲稱從中國到歐洲到南非洲到拉丁美洲到整個北美洲在內的所有地方都涉及它的利益，恐怖主義成爲維持其霸權方便順手的工具。恐怖主義現在被認爲是對全球化的抵抗。這個等號已經被畫上。順道一說，我注意到阿蘭達蒂・洛伊（Arundhati Roy）㉓也是這樣看的。但凡是人們反對剝奪、高失業率和吞噬自然資源的運動，一律被稱爲恐怖主義。㉔

這種惡性循環助長了一些恐怖組織的壯大，比方說賓拉登（bin Ladan）和他手下的人——不管是在沙烏地阿拉伯還是葉門（Yemen）還是哪裡的。他們被放大和膨脹得跟他們的實際力量和實際威脅完全不成比例。這種聚焦模糊了美國在全球範圍所做成的巨大破壞，包括軍事上的、生態上的和經濟上的。與之相比，恐怖主義所做的破壞只是九牛一毛。

最後，很少人談到的本土性的恐怖主義，很少談就在美國本身成長起來的武裝團體，也就是麥克維（Timothy McVeigh）㉕一類的人。我清楚記得，在奧克拉荷馬市的聯邦大樓被炸毀以後，有三十家媒體打電話給我，因爲這事件有許多中東恐怖主義的特徵——第一個這樣說的人是艾默生，他在事件一發生就即時被媒體封爲恐怖主義專家。㉖所以他們馬上打電話到我辦公室，但那時我湊巧人在加拿大。有三十家媒體打電話來。他們以爲，既然我是中東人，就應該對恐怖主義有所了解，能夠對奧克拉荷馬的大爆炸案提供些精闢意見。這一類把恐怖主義和阿拉伯人／穆斯林聯想在一起的習慣，讓美國的阿拉伯人／穆斯林深受其害，以至於在二〇〇〇年參議院選舉時，只要候選人與伊斯蘭教或穆斯林有什麼牽連，都會被對手拿來做文章。候選人之一的希拉蕊退還了美國穆斯林聯合會（Muslim Alliance）——一個非常政治中性的團體——所捐的五萬美元政治獻金，說是這錢帶有微微恐怖主義的味道。㉗所以說，在這個國家，會被貼標籤的不是只有非洲裔和拉美裔的人，還有信伊斯蘭教的人。

美國的政策制定者從不會在歷史中學到教訓

・美國和英國所主導的對伊拉克禁運顯然是失敗了，為什麼會這樣？

它們是失敗了。首先，禁運的原意是整垮哈珊。但現在哈珊卻變得更強。其次，拜英美禁運政策之賜，伊拉克的平民受到了巨大傷害，近乎集體屠殺般的傷害。自禁運實施以來，伊拉克每年有六萬小孩死亡。㉘有數不清的其他人得了癌症和其他基因轉移的疾病。兩個聯合國「以油換糧」計畫的專員因爲目睹禁運措施的不人道而辭職。㉙

第三，伊拉克不是像美國的政策制定者所幻想那樣是孤立的。它與埃及接鄰，而埃及是最大的阿拉伯國家之一。伊拉克的經濟傳統上都是與鄰國（特別是約旦）有緊密聯繫。如今，伊拉克以國際油價的一半價格供應約旦石油，所以約旦願意與伊拉克貿易。伊拉克跟它的鄰國（包括一些波斯灣國家）還有其他的有機性聯繫。所以，制裁無法以現在的形式繼續下去，乃是意料中事。

結果，鮑爾在今年（二〇〇一）二月穿梭中東，鼓吹所謂的「聰明制裁」（smart

sanctions）。這種做法讓我錯愕，因爲它的名稱完全是不倫不類的。它反映出，美國再一次幻想人們會願意違背自己的利益，跟在美國屁股後面走。㉚這樣的事情是不會發生的。整個禁運政策是徒勞和災難性的。美國因爲強大、富裕和距離中東遙遠，以致大部份美國人都知覺不到美國政府以美國之名所做的事，已經造成多麼大的破壞，已經引起了——這是更糟的——多麼大的仇恨情緒。美國的中東政策除了是爲了保證一個小少數可以繼續遂行宰制外，看不出來有任何其他目的。

・其中一個打破禁運的國家是土耳其，它甚至派飛機飛到巴格達。這是滿奇怪的，因為土耳其一直是美國轟炸伊拉克的主要空軍基地，而且還好幾次入侵伊拉克北部，攻擊庫德族（Kurds）的反抗軍戰士。

土耳其對庫德族的攻擊是得到美國支援的，其血腥程度讓發生在沃索伏（Kosovo）阿爾巴尼亞人身上的事儼如星期日的學校郊遊。我們不能忘了，土耳其和以色列是非常親近的盟友。它們會舉行共同的軍事演習。土耳其跟美國和跟以色列都有軍事同盟關係。但目前，因爲商業利益考量凌駕於戰略利益考量，才會讓土耳其決定與伊拉克貿易，換取石油——伊拉克畢竟是區域內第二大的石油供應者。伊拉克將會與巴基斯坦貿易看來也不是完全不可能的。

・你認不認為以色列與土耳其的軍事與經濟同盟是包圍阿拉伯人大戰略的一部份？

不是，因爲埃及也參與其中。它不是用來包圍阿拉伯人的，而是用來包圍那些被認爲是不妥協的國家，如敘利亞、伊拉克和伊朗。與其說它是針對阿拉伯人的，不如說它是針對那些看來太過反以色列或太過同情巴勒斯坦人的國家。但那是一個沒大腦和非理性的策略，因爲分析到最後，儘管軍方是埃及國內最大的雇主而軍隊又是聽命於統治者的，但因爲這種政策極爲不受人民歡迎，所以不可能持之以久。如果硬幹到底，那埃及當權者的下場就只會像南韓的李承晚或越南的阮高其和阮文紹。美國的政策制定者從不會在歷史中學到教訓。他們重複同樣的錯誤，付出的是同樣大的人命、經濟及政治代價。他們之所以堅持這樣做，是因爲他們的教育和視野都是一樣差，一代不比一代好。

大屠殺工業與其說是為了還原歷史真相，不如說是為了維護權力

・諾貝爾和平獎得主和現任以色列外交部長裴瑞斯最近接受土耳其一家報紙訪問的時候，否認土耳其人曾經集體屠殺亞美尼亞人是史實。㉛

在這方面，土耳其和以色列的政策同樣非常相似。它們同樣樂於否認土耳其政府在二十世紀初對亞美尼亞人做過的事。我給你一個例子。在一九八三年，有一個以色列國營電台的節目打算要探討亞美尼亞人遭遇過什麼事㉜，結果卻被禁止播出，理由只因爲「大屠殺」（holocaust）和「集體屠殺」（genocide）這些字眼被認爲只合該用在猶太人的經歷。這種政策被裴瑞斯愚蠢地持續下去。盧安達人、亞美尼亞人、波士尼亞人和其他有過相同遭遇的人群都是值得我們研究的，以便可以防範同樣的事再度發生，這才符合全人類的福祉。但以色列政府不此之思，反而企圖操控記憶，讓人們的目光只專注在某一群受過這種歷史災難的人，以便從中得利。

•芬基爾施泰因（Norman Finkelstein）最近出了一本名為《大屠殺工業》（*The Holocaust Industry*）的書。㉝你認不認為有大屠殺工業㉞這回事？

我想很多方面他都是對的。在這個國家，有些人堅定要把大屠殺轉化爲一種世俗宗教，一種猶太人的專利品。事實上，它應該被視爲一個更普遍的現象的一部份，其中包括發生在美國原住民身上的大屠殺。它也應該涵蓋數以百萬計被賣到美國爲奴的黑人的恐怖經驗。芬基爾施泰因正確地指出，大屠殺工業與其說是爲了還原歷史眞相，不如說是爲了維護權力。它們很少是關涉大屠殺受害者的眞實苦難。德國和波蘭猶太人的遭遇當然都是值得研究的，但不是在今日美國大學所設定的狹窄格局下進行研究。它們應該被視爲一個更大的研究——人類不人道史的一部份。

任何人都有返回家園的權利

•你在很多場合都主張巴勒斯坦難民有返回家園的權利。在這方面，巴勒斯坦人有沒有取得任何進展。

已經有愈來愈多的人體認到人有返回家園的權利。我不單是指返回巴勒斯坦。

根據世界人權宣言（它體現的是聯合國憲章第二條的精神），把任何人驅離他們的出生地都是不合法的，而即使是他們主動選擇離開，也不能剝奪他們日後回返的權利。這是更大的原則。至於巴勒斯坦人方面，這是個應該主張的政治訴求，也慢慢在進行中。但那是「奧斯陸協議」沒有提到的。現在巴勒斯坦人是第二次世界大戰後最大的一群難民營居民。

強調回家的權利也有助於放大今天住在阿拉伯國家巴勒斯坦人的困境。像是流寓於黎巴嫩、敘利亞這些國家的巴勒斯坦人是沒有居留權、工作權和旅遊權的。所以巴勒斯坦人不只在以色列受到不公平待遇，在許多阿拉伯國家也是如此。所以，我認為巴勒斯坦人的遭遇是一個更普遍現象的一部份：不只巴勒斯坦人有返回家園的權利，任何人都有返回家園的權利。如果他們因為政治或身體上的理由無法返回故土，就應該讓他們在流寓地擁有各種正常權利。

這是一個遍及全球的現象，我深感興趣。我們生活在一個移民的時代，強迫遷移和強行居留的情形比比皆是。這導致了不只在以色列，而且在美國和英國都因為種族純淨神話的驅使，制定了一系列非常反動的立法。義大利、瑞典、英國和美國這些國家都聲稱它們有權把次一等的人——主要是非洲人和亞洲人——拒諸門外。

不管是不允許人們返回他們位於巴勒斯坦的家園，還是不允許他們在黎巴嫩、美國或瑞典這些國家建立新家，理由都是同一個：他們被認為是陌生人和異類。但誰是陌生人和誰是原住民的問題必須重新反省，因為像以色列和美國這些國家的居民，當初其實是用武力強行居留的殖民者。這是一個普遍的現象，亟待重新省思，只有這樣，巴勒斯坦人返回家園的權利才可望落實。

個體意識的價值是人類成就的根部

・你教書已經超過三十年。你努力灌輸些什麼給學生？你怎樣培養他們的批判意識？

那是難事。我們生活在一個資訊包裝化和商品化的時代，其楷模是媒體——包括網路在內。在我看來，任何帶有權威口吻或話說得斬釘截鐵的印刷品，批判性的心靈都有責任去質疑。我認為，老師的首要之務是提供資訊與知識，讓學生可以接觸到一些他們以前所不知道的事情。我教的主要是文學與哲學。有大量的書本和作者是值得認識的，而我敦促學生去讀他們。我也試圖訓練學生讀的方法。

其次，我教導學生怎樣批判性地閱讀，也就是不只把一本書當成一本書來讀，而是把它放入脈絡，以理解它是怎樣產生的。沒有任何書是憑空迸出來的。寫作是一種選擇行爲，其中牽涉一系列的選擇，由作者與社會互動而形成。第三，我嘗試向學生顯示，這些書是一個由理解、資訊與知識構成的網絡的一部份。比方說，某一部英國小說說不定跟某一部法國小說有關係，或跟某個非洲、加勒比海作家用英語寫的小說有關係。我想讓學生明白的是，知識與閱讀都永無止境。他們需要無休止地探問、發現與挑戰。就算我沒做成過任何事，我至少已經把不滿意和無盡探問的種子植在學生心中，與此同時又沒有減損他們學習的樂趣。這是我的教學所致力的核心。

•是不是知識份子都只能是站在對立面？

在這個國家恐怕只能是如此。我對個體意識的價值相當看重。它是人類成就的根部。理解如果無法先發生在個體的層次，就不可能發生在集體的層次。在我們的時代，個體意識被大量組織和包裝過的資訊轟炸——甚至於窒息。這種轟炸的主要目的，乃在於形成一種不加質疑的接受態度、一種集體的被動性。大多數時候，我們都受到影像的轟炸，它們要求我們順服，最後掏錢去購買它們宣傳的東西——不管那是新聞還是商品還是旅遊。

一切都被包裝過，用來銷售。這就是新自由主義市場經濟的本質，而全球化則把這種經濟體系硬塞給全世界，留給個人的挑戰和質疑空間少之又少。在很多情況下，大型組織——不管是政府或企業——的政策都是近乎盲目，只求利潤而不顧責任，導致了大規模的生態破壞、大規模的基因破壞。在這樣的脈絡下，知識份子的責任只能是反對，我認爲那是一個絕對必要的角色。我不是說他們應該爲反對而反對，那不是我贊成的。我所謂站在對立面是指透過篩選、判斷、批判、揀別，讓選擇權可以回到個人手中。一個共同體是不能以商品利益和商業利潤掛帥的。這是非常難達成的目標，但我認爲不是不可達成的。

註釋

①〔譯註〕指夏隆登臨耶路撒冷阿克薩清眞寺所引發的巴勒斯坦人起義。

② Melissa Radler, "US Backs Israel at UN, Opposes International Monitors," *Jerusalem Post*, August 21, 2001, p. 1.

③ See chapter 2, note 5 above.

④ Deborah Sontag, "Death and Daily Life Link Arab and Israeli," *New York Time*, May 2, 2001, p. A11.

⑤ The text of the ad（"The Big Lie Is Still Alive"）is available online at http://www.ajc.org/InTheMedia/AdvertisementsDetail.asp? did-201&pid=699.

⑥〔譯註〕以色列國會第三大黨。

⑦ Sam Kiley "Israeli Rabbi Calls on God to Annihilate Arabs," *The Times*（London）, April 10, 2001.

⑧ See, among other reports, Serge Schmemann, "Arafat Remains Defiant Amid Rubble of His Compound," *New York Times,* September 22, 2002, p. 1: 8.

⑨ Tracy Wilkinson, "Palestinian Towns Wobbling on Last Legs," *Los Angeles Times,* December 30, 2002. See also Sara Roy, "Decline and Disfigurement: The Palestinian Economy After Oslo," in *The New Intifada: Resisting Israel's Apartheid,* ed. Roane Carey（New York: Verso, 2001）, and Stephen Farrell, "Dying for Work: Five Pay Price at Gaza," *The Times*（London）, December 14, 2002.

⑩ Associated Press, "Vermont Ice Cream Maker in Middle East Controversy," September 24, 1998.

⑪ See, for example, the scurrilous article by Justus Reid Weiner, "The False Prophet of Palestine," *Wall Street Journal,* August 26, 1999, p. A18.

⑫ Edward W. Said, *Orientalism*（New York: Pantheon Books, 1978）, p. 27.

⑬ See Charles Glass, "The First Casualty: A Newspaper Proprietor Should Champion, Not Censor, His Writers," *The Observer,* March 18, 2001, p. 27.

⑭ Maya Jaggi, "Edward Said: Out of the Shadows," *The Guardian*（London）, September 11, 1999, p. 6.

⑮ See Karen W. Arenson, "Columbia Debates a Professor's 'Gesture,'" *New York Times,* October 19, 2000, p. B3.

⑯ See Dinitia Smith, "Freud Museum Speaking Ban Sparks Said Fury," *The Observer*（London）, March 11, 2001, p. 21.

⑰ Jessica Benjamin et al., Letter to the Freud Society of Vienna, *London Review of Books* 23:6（March 22, 2001）. Available online at http:// www. lrb.co.uk/v23/no6/letters.html.

⑱ Smith, "Freud Museum Speaking Ban Sparks Said Fury," p. 21.

⑲麥卡錫為五〇年代美國參議員，曾一手主導一場揪共黨份子的白色恐怖，很多人被誣陷。

⑳ Robert Fisk, "I Am Being Vilified for Telling the Truth About Palestinians," *The Independent*（London）, December 13, 2000, p. 5.

㉑ Marc Lacey, "Attacks Were Up Last Year, U.S. Terrorism Report Says," *New York Times,* May 1, 2001, p. A14.

㉒ See James Risen, "To Bomb Sudan Plant, or Not: A Year Later, Debates Rankle," *New York Times,* October 27, 1999, p. A1, and Tim Weiner and Steven Lee Myers, "U.S. Notes Gaps in Data About Drug Plant but Defends Attack," *New York Times,* September 3, 1998, p. A6.

㉓〔譯註〕印裔女作家，以小說《微物之神》獲一九九七年英國「布克獎」。

㉔ Arundhati Roy, Interview with David Barsamian, *The Progressive* 65: 4（April 2001）. See also Arundhati Roy, *Power Politics*, 2nd ed.（Cambridge: South End Press, 2001）.

㉕一九九五年奧克拉荷馬市聯邦大樓爆炸案主謀，事件造成一百六十八人死亡。

㉖ See Felicity Barringer, "Terror Experts Use Lenses of Their Specialties," *New York Times,* October 26, 2000, p. A1.

㉗ Dean E. Murphy, "Mrs. Clinton Says She Will Return Money Raised by a Muslim Group," *New York Times,* October 26, 2000, p. A1.

㉘ See Anthony Arnove, ed. *Iraq Under Siege: The Deadly Impact of Sanctions and War,* 2nd ed.（Cambridge: South End Press,2002）, p. 79.

㉙ Arnove, *Iraq Under Siege,* p. 47.

㉚ John F. Burns, "Iraq Defiant as U.S. Lobbies Arabs on Shift in Sanctions,"*New York Times,* February 25, 2001, p. 1:4.

㉛ Robert Fisk, "Peres Stands Accused Over Denial of 'Meaningless' Armenian Holocaust," *The Independent*（London）, April 18, 2001, p. 13.

㉜ Edward W. Said, *The Politics of Dispossession: The Struggle for Palestinian Self-Determination, 1969-1994*（New York: Pantheon Books, 1994）, p. 253.

㉝ Norman Finkelstein, *The Holocaust Industry: Reflections on the Exploitation of Jewish Suffering*（New York: Verso, 2000）.

㉞指許多人把大屠殺的題材商品化，大撈名利的現象。一些大屠殺生還者或冒牌受難者寫的回憶錄即屬此類。

恐怖主義的根源

Origins of Terrorism

二〇〇一年九月二十四日
科羅拉多州，博爾德，KGNU 電台

•發生於二〇〇一年九月十一日的恐怖事件讓很多美國人困擾迷惑。應該從哪裡討論起呢？是先談促使恐怖份子這樣做的脈絡與背景嗎？

身爲一個紐約人，我必須說那是一件非常震撼和驚魂的事件——尤其是其規模如此之大。那是設計來恐嚇和癱瘓美國人的，它造成了很大的死傷，在我看來是無可寬貸的行爲。

不過那顯然是經過周詳計畫的，執行得也非常果敢——也許有人甚至會說傑出。我不認爲它是亂攻擊一通，因爲它選擇的目標都深具象徵性：一是作爲美國資本主義心臟的世貿中心，一是美國軍事系統的總部五角大廈。但這攻擊不是爲了要求什麼，其中顯然不包含任何的訴求。它是爲攻擊而攻擊，這是它的不尋常處。

我想，這攻擊是對美國過去一整個世紀的海外介入的一次反彈。美國插手的事很多：介入伊斯蘭世界，介入產油世界，介入阿拉伯世界，介入中東。所有這些地區都被認爲攸關美國的利益和安全。包括駐兵和控制波斯灣、保護以色列、沙烏地阿拉伯這些盟友在內，美國無休止的介入讓它在些地區居民眼中變成了一個非常獨特的角色。這一點，大部份美國人不是被蒙在鼓裡就是不知不覺。

首先必須明白的是，住在那個環境裡的人和住在美國這裡的人分屬於兩個不同的世界，彼此之間少有共通之處。美國跟伊斯蘭世界的直接接觸要比從前的強權（比方說英國）少很多，對阿富汗是如此，對印度是如此，對波斯灣國家（如伊拉克）更是如此。這部份與距離極爲遙遠有關——大西洋和地中海的阻隔都讓這些地方顯得遙不可及。當然，語言和宗教又是另一道障礙。

穆斯林世界是一片廣大的地域，它始自波士尼亞，穿過中亞，然後下行到中東的阿拉伯國家，再兵分兩路，東的一路從巴基斯坦、孟加拉延伸到印尼，西的一路延伸到非洲，覆蓋整個西非洲。這片地域住的大部份都是穆斯林，一共有十二億的穆斯林人口，而在他們眼中，美國同時有兩個不同的形象。一個是官方的美國，喜歡武力干涉別國內政的美國——曾經在一九五三年推翻伊朗的莫薩德（Mohammad Mossadegh）民族主義政府，迎回國王；發動過第一次波斯灣戰爭，後來又透過制裁對伊拉克造成巨大傷害（受害者主要是平民）。美國也一直支持以色列打壓巴勒斯坦人：先是在一九四八年，然後是在一九六七年的軍事佔領，繼而是一九八二年以色列的入侵黎巴嫩南部，最近是在一九八七年和二〇〇〇年的兩次抗暴運動。美國提供以色列極大量的武器。所以，如果你是住在這地區，把這些事看在眼裡，很自然會認爲它們是美國持續追求保有霸權的表現，而這種一心一意的追求也讓它對地區內人們的渴望和憧憬置若罔聞。

妖魔化賓拉登的效果適得其反

我想大部份阿拉伯人和穆斯林都會覺得美國並不眞正關心他們的需要，認爲美國只是在貫徹一些合乎自己利益的政策，與此同時又不多加解釋或試圖說明這些政策的合理性。更重要的是，美國所執行的政策，很多都不符美國自己所揭櫫的原則：民主、自決、言論自由、集會自由和信守國際法。例如，美國縱容以色列佔領約旦河西岸迦薩地帶三十四年就很難自圓其說：在美國的支持和資助下，以色列的屯墾區已經增加到一百四十個，屯墾者增加到四十萬。美國還說這是它支持國際法和聯合國決議案的一部份表現。

所有這些行爲都讓穆斯林世界的人民留下不良印象。尤有進者，這些地區很多統治者的施政都是跟人民的意願背道而馳的，但美國卻不惜違背自己的原則，支持他們。這種支持對被這些政權統治的大部份人都是沒有好處的。

其結果就是讓人們對美國產生一種分裂性的觀感。我所認識的每一個阿拉伯人或穆斯林對美國都深感興趣。他們很多都送子女來這裡受教育。他們很多都會來美國渡假。有些人來這裡做生意或受訓。他們一方面完全明白美國是個了不起的國家，另一方面又覺得美國政府是不同的一回事，是一個對良知、道德和國際法都不屑一顧的政府。現在，加上美國政府頑固地要實施一種暴力性的政策，一些煽動家——特別是打著伊斯蘭教旗號的——想要煽動起一場對美國發動的聖戰並不難。這些人高舉大旗，號召說我們必須抵抗美國的政策，再想辦法把美國整垮：先是抵抗，然後反擊。

諷刺的是，這些人當中，很多都是八〇年代蘇聯入侵阿富汗的時候得到過美國支持和扶植的，其中包括賓拉登、「神學士」和「聖戰士」。當時美國政府認爲，集結穆斯林去對付無神論的共產黨，將可讓蘇聯陷入泥淖。我記得，在一九八六年，有一群「聖戰士」的人來到華盛頓，受到雷根總統的歡迎，還被他譽爲「自由鬥士」①。

這樣的加持已經行之有年。然後，很多一般穆斯林開始感到被美國背棄，因爲他們一直生活在貧窮與絕望中，又特別是絕望——絕望和無知。要以伊斯蘭教之名把人們結集起來並不難。順道一說，這些呼籲者都是自封的伊斯蘭教發言人。他們並不在任何正式的意義下代表伊斯蘭教。他們不是什麼伊瑪目（imam）②，不是什麼教長（sheik）。他們都是自封的伊斯蘭教戰士。賓拉登的情形特別是如此。他是沙烏地阿拉伯人，自感是愛國者，認爲美國駐軍沙烏地阿拉伯是一種冒瀆（沙國是先知穆罕默德的出生地），認爲攻擊美國人是自己的責任。另外，這些人也是受到一種必勝主義心態的指使。他們想：既然我們打敗過蘇聯，我們一樣打敗得了美國。出於這個原因，出於絕望感和病態的宗教感情，讓他們產生出一種去傷害和破壞的巨大衝動，一種連無辜者都不放過的衝動——發生在紐約的事就是這樣。

我要強調，理解並不等於寬恕。現在有一種讓我感到惶恐的趨勢，那就是歷史地去理解事情在美國漸漸成爲一種禁忌，被認爲是一種不愛國的表現。這是非常危險的態度。美國每一個國民都有責任認知一個事實：我們並不僅僅是世界和歷史的一份子，更是形塑世界與歷史的一個超級強權。

・在給倫敦《觀察者》（*Observer*）雜誌寫的文章〈伊斯蘭教與西方是不足夠的標語〉（*Islam and the West Are Inadquate Banners*）裡，你說美國的求戰心態「跟埃哈伯船長死命追逐白鯨的行為出奇相似。」③說說看你的意思。

埃哈伯船長（Captain Ahab）是梅爾維爾（Melville）的名著《白鯨記》（*Moby Dick*）裡的主角。他因爲曾經被一條白鯨咬去一條腿，所以鐵了心不惜走遍天涯海角、不惜任何代價也要把白鯨抓到。④在全書的最後，埃哈伯船長固然是用魚叉叉住了白鯨，但自己卻被魚叉的繩子給纏住，白鯨一使力，他就被拉到了水中，最後顯然是葬身海底。埃哈伯船長的執念幾乎是自殺式的。我想，美國政府現在也是被同樣的報復執念所攫住，而這也是可以理解的，因爲這起恐怖攻擊畢竟是對美國的狠狠一擊。九一一事件對我們社會所帶來的傷害和損失毫無疑問是巨大的，它會引起高度憤怒自不待言。只不過，目前事情的演變顯示，美國政府採取的並不是按部就班和深思熟慮的步驟，不是打算依國際規範把賓拉登繩之以法（從喬治・布希公開說只要把賓拉登抓到而不管死活就可見一斑），而是打算採取某種毀滅性手段、某種跟九一一攻擊本身同級的暴力罪行。

我認爲訴諸戰爭只會讓事情變糟，糟更多，因爲那總是會有後遺症的。在我看來，妖魔化賓拉登的效果適得其反。現在政府和媒體把他膨脹成有如莫比敵⑤，把他膨脹爲世界上一切邪惡的象徵，只會讓他變成像神話般的人物，更有本錢可以去玩他的遊戲。其實，我們應該做的事情是把他凡人化，視之爲一個對無辜平民犯了滔天暴力罪行的罪犯，並以相應的方式懲罰之。不要把他周遭的世界和我們周遭的世界一起扯下水。但現在，美國人已無可避免地覺得他們是與伊斯蘭教開戰。不管總統或朱利安尼（Rudolph Giuliani）市長怎樣呼籲，說我們並不是跟伊斯蘭教開戰，但從這個國家到處都有排擠、攻擊穆斯林或狀似穆斯林的事件發生，就可看出人民心裡是怎樣想的。⑥這樣的事數以十計——如果不是數以百計的話。例如，亞歷桑納州就有一個錫克教徒被殺害，很多人財物受到破壞。⑦

・還有一個巴基斯坦人在德州遇害。⑧

對，很多住在紐約的人都可以感受到這股反穆斯林浪潮的衝擊。有些人只因爲有個中東名字，就受到警察或 FBI 登門造訪。現在這個國家得了多疑症，而且以爲自己正要跟一個沒有形體的超級敵人——其名字叫賓拉登和伊斯蘭教——開戰。我認爲媒體在這件事情上起了相當大的推波助瀾作用，它們把同樣的畫面重播又重播，把賓拉登妖魔化，不容許任何的反省。在把事情報導出來的時候，媒體感染了時下的普遍情緒而不自知，所以才會匆匆作出結論，認爲美國應該採取行動。在我看來，這不只不能解決問題，反而會製造更多問題。

・正如你所說的，妖魔化敵人看來是美國的一貫策略。七〇年代的阿拉法特和巴解組織是首先被妖魔化的，繼而是柯梅尼（Ayatollah Khomeini）、格達費（Muammar Qaddafi）、海珊，現在則是賓拉登。

顯然是那樣。而至少在海珊和賓拉登的例子裡，媒體都避談這兩個人的得勢是美國拉拔的。賓拉登的情況我已談過，但海珊也是這樣，爲了壓制伊朗，美國刻意培養他的實力。在伊拉克佔領科威特以前，海珊曾經從美國這裡獲得過大量的軍火與支援。

現在媒體那種不事分析反省而只一味分化和歸類的現象，相當令人憂心的。我指的是「恐怖主義」這個詞。如今，「恐怖主義」已成了「反美主義」的同義語，而後者又成了批評美國的同義語，成了不愛國的同義語。這是個不能接受的等式。我認爲，我們需要的是回到一九七〇年代聯合國關於何謂「恐怖主義」的辯論。我的意思是，你不能在八〇年代把抵抗蘇聯入侵的阿富汗「聖戰士」稱爲「自由鬥士」，而現在卻把他們企圖抵抗另一些國家入侵的行爲看作恐怖主義。我認爲「恐怖主義」的定義得要規定得更加精確，以便可以區分——比方說——反抗以色列軍事佔領的巴勒斯坦人和攻擊世貿中心那群人之間有什麼不同。另外，我們還必須明白有一種恐怖主義叫國家恐怖主義（state terrorism）。

九一一恐怖攻擊是一個面目模糊、毫無宣示性的集體攻擊

‧巴基斯坦的著名學者和政治活躍者伊克巴‧阿馬德（Eqbal Ahmad）曾對我說過，恐怖主義是窮人的 B-52 轟炸機。⑨

從某個層次看，這顯然是對的，也就是說，窮人的武器只可能是恐怖主義。但這用在九一一事件的層次卻不對。九一一恐怖份子和（比方說）一個執行炸彈自殺攻擊任務的巴勒斯坦年輕人是不同的。後者過的是最不堪的生活——極度擁擠、貧窮、無知、飢餓。這種狀況九十%是以色列造成的，是它佔領和圍困巴勒斯坦人政策的後果。我從不原諒或同意炸彈自殺攻擊，但至少它是可理解的。那是一個絕望

的人所作出的反擊，他一方面感到生活受擠壓，一方面看著自己的同胞、父母、兄弟、姊妹受到傷害，所以他想要做些什麼，想要反擊。他的行爲可以理解爲一個絕望的人企圖擺脫強加的不公義狀態。這不是我贊成的行爲，但至少是可理解的。

但九一一卻又是另一回事，因爲它的策劃者顯然不是絕望和貧窮的難民營居民。攻擊世貿中心和五角大廈的人顯然都是中產階級，教育程度高得有資格在佛羅里達的飛行學校，而且懂英語。這攻擊超越了政治的層次而被提升到形而上的層次。這個跳躍，是我認爲我們必須給予十二萬分注意的，因爲它反映出其策劃者的心靈極度狂熱。他們不想要對話，一心要摧毀，而且是爲摧毀而摧毀。要注意這襲擊不帶有任何政治訴求。它沒有宣言。它是一件靜悄悄的暴行，不分青紅皂白地加諸一整群人身上。我不能承認這是窮人發動的 B-52 轟炸。

但我想補充的是，美國、英國、法國這些強權也做過同樣的事，他們從空中向一些基本上沒有防禦能力的人投彈的行爲，同樣不可饒恕。這也是以色列正在約旦河西岸迦薩地帶幹的好事。它以 F-16 戰機攻擊完全不設防的民宅，本質上也是一種恐怖主義。因爲巴勒斯坦人沒有陸軍、沒有空軍，沒有防空能力可言，而以色列這樣做是爲了製造恐怖。它的攻擊不分對象，也不管被攻擊者毫無還手之力。它純粹是爲了摧毀和恐嚇而摧毀。所以說，我們和恐怖份子對彼此所做的事只有一線之隔。

•阿馬德又這樣說過：「為革命而進行的恐怖行動都必須慎重選擇對象，考慮到它們是不是社會和心理上可為人所接受的。」他說：「別劫機……別殺小孩。」然後他指出：「所有偉大的革命，不管是發生在中國的、越南的、阿爾及利亞的還是古巴的，都從不會使用劫機式的恐怖主義。」⑩

他們是沒有這樣做，但不能忘了，劫機現象大行其道是在六○年代晚期和七○年代初期——當時坐噴射客機旅行才開始普遍起來，也是跨國交流的象徵——而上述的革命都是發生在這個階段以前。

•你看到這種行動有任何革命的成分嗎？

沒有，當然沒有。這是我先前就說過的。其中沒有信息，沒有試圖改變人們的心理。那不是任何事情的一部份。事實上，阿爾及利亞人是有使用恐怖手段的。他們在餐廳和咖啡廳放置炸彈，炸死法國人。這不是我贊成或會以任何方式鼓吹的行爲，但那至少是把法國人趕出阿爾及利亞運動的一部份——法國人在那裡已統治了一百三十年。但九一一恐怖攻擊卻不是任何事情的一部份。它是一個面目模糊、毫無宣示性的集體攻擊。被犧牲的無一例外都是無辜的人。它沒有任何可見的目的，唯一目的就是製造恐怖本身。就此而言，那是一種形而上的跳躍，從政治的領域跳躍到瘋狂抽象化和神話性概括化的領域。在我看來，這些人是劫持了伊斯蘭教，讓伊斯蘭教爲他們的目的服務。不要掉入這種陷阱，不要以某種形而上的方式去報復。

殺死一個賓拉登會孕育出二十個賓拉登

・部份媒體和政治評論似乎呼應著《黑暗之心》（*The Heart of Darkness*）⑪中的寇茲（Kurtz）所說的話：「滅絕一切野人。」⑫《大西洋月刊》（*Atlantic Monthly*）撰稿人和《來臨中的無政府狀態》（*The Coming Anarchy*）的作者卡普蘭（Robert Kaplan）在國家公共電台（NPR）表示，阿拉伯人對西方人「有一股堅固的恨意。」⑬哥倫比亞廣播公司的新聞主播丹・拉瑟（Dan Rather）則在《大衛賴特曼午夜漫談》（*Late Night with David Letterman*）節目裡說：「他們（恐怖份子）認定自己是這世界的輸家。」又說他們是「懶蟲」，是「懷恨者」⑭，接著他哭了起來。

卡普蘭和丹・拉瑟爲什麼會說那樣的話讓我茫然不解，但他們都不是我特別仰慕或會尋求洞見的人。我完全不認爲賓拉登和他同一類的人會自視爲輸家。依我看，他們認爲自己是重大使命的背負者。他們都是自封的戰士，滿腔激情與信心，滿腦子想著要爲一個偉大文明反擊野蠻人的攻擊。

我認爲用贏家、輸家這種字眼是錯的，非常錯。對他們而言，西方代表物質主義，代表庸俗，到處都是淫穢的錄影帶和色情電影。他們把西方看成是單一的東西，一如大部份美國人把伊斯蘭教看成是單一的東西。這個原則是兩邊通用的。在他們看來，西方代表的是這個世界的一切醜陋和禍害。因此他們的工作是要爲眞主淨化世界。這種論述對任何用它的人來說都很管用，不管是他們那邊的人還是我們這邊的人——儘管這兩邊事實是同一邊。使用這種二元對立來思考的人都昧於人類應該加以保護的那些眞實：多元性、多樣性和具體性。不應該相信荒謬的宗教性抽象——更精確的說法是僞宗教性抽象。相信這一套的人都認爲自己是上帝或眞主的工具。我不認爲我們應該分出贏家輸家——應該讓各方面都是贏家。

對於到底發生了什麼事，看來不是沒有一些較細緻的報導和分析的，至少在歐洲是如此。例如，一個前英國保守黨國會議員帕里斯（Matthew Parris）在《泰晤士報》上說：「難道他們不明白殺死一個賓拉登會孕育出二十個賓拉登嗎？大玩世界警察的遊戲並不是對九一一災難的恰當反應。」⑮義大利劇作家、一九九七年度諾貝爾文學獎得主達利歐・弗（Dario Fo）也說：「大投機者發大財的同時，貧窮卻每年殺死數以千萬計的人。……不管（九一一）屠殺是誰製造的，這暴行都是暴力文化、飢餓和不人道剝削的嫡親女兒。」⑯

一般來說，美國以外的觀點都要較細緻、較多樣，這是因爲它們沒有受到攻擊。這是一個重點。另一點是它們是較小型的後帝國主義國家。英國不再有一個帝國需要去防衛，而不管它有什麼使命感，那都是源於它與美國的夥伴關係。這也是爲什麼九一一事件以後，英國首相布萊爾（Tony Blair）會跑來這裡，說英國與美國是肩並肩的。一如以往，他是想要讓英國得到美國這個超級強權的陽光沐浴。但歐洲的媒體會比較持平，還有一個原因。歐洲人與中東人在地理上較接近，在歷史上也較密切。這讓他們覺得彼此是同在一條船上的（這條船你可以稱之爲「眞實」或「歷史」），所以會覺得有必要用更分析性、更體諒和更自省的態度看對方。

另外，我猜歐洲人因爲美國的強大而有某種程度的恨意和妒意，有時會感到受壓迫。所以，歐洲媒體對九一一事件之所以有不同的觀點和不同的解釋，是原因複雜的產物。我發現，從一開始，也就是從九一一之後的幾天起，美國媒體的言論就陷入了沈悶的單色調。本質相同的分析被重複又重複，少有注意力會投在不同的觀點，或允許不同的觀點、解釋和反省發聲。我覺得，這個國家有一種心態，那就是把歷史分析看成為開釋罪行找理由的方法。根本不是這樣子。你是可以歷史地去分析一件恐怖罪行而不必為它開脫的。不過，現在也有一些焦慮的聲音出現，認為美國太急於行動。為了讓人們可以冷靜一點，有些人大聲把心裡話說出來。值得注意的是就連政府內部也出現了若干雜音。國防部長倫斯斐（Donald Rumsfeld）和副部長伍夫維茲（Paul Wolfowitz）的措詞就顯然有別於國務卿鮑爾，後者要謹慎得多。他是個官僚沒有錯，但我認為他意識得到我們居住的這個世界是由不同思想感受構成的。

•你覺不覺得現在的情勢是一九九〇年的翻版？在白宮主政的同樣是個叫布希的人，而一個聯盟正在形成，要對世界最窮國家之一的阿富汗採取軍事行動。據中情局的報告，阿富汗甚至沒有一個功能順暢的政府。

不，我不太覺得。除氣氛以外，我不覺得現在的情勢是一九九〇年（譯註：指美國因為伊拉克佔領科威特而出兵波斯灣一事）的翻版，而我想有愈來愈多的人開始冷靜下來一點點。現在的情勢沒有一九九〇年那樣匆匆忙忙，其中一個原因是這一次我們沒有一個具體的敵人，一條有形的前線。要知道，我們面對的是一種模糊的東西：恐怖主義。而我說過，它的內涵是還沒有經過界定的。你不能把恐怖主義單單等同於賓拉登，顯然還有很多其他種類的恐怖主義。除了阿富汗以外，我們沒有特定對象，而正如你剛才說的，阿富汗根本不能與一九九〇年時候的伊拉克相提並論——當時的伊拉克擁有龐大的陸軍、空軍和飛彈。我們看來沒有一個目標。光說目標是剷除恐怖主義和修理支持恐怖份子的國家是不夠的，因爲那將會是一場漫長的戰爭，需要歷時很多年，動用許多不同的方法，而這麼廣泛和複雜的衝突是大部份美國人還沒有預備去面對的。

所以說，當前的氣氛固然給人一種似曾相識的感覺，但又多了一種成份，那就是這場反恐戰爭的不確定性和無法定義性，因爲，加起來有六十個國家是被認爲支持恐怖份子的。美國要怎樣面對這個超級複雜的現象迄今還是未知數。我們沒有一個具體的目標。而誠如帕里斯說過的，就算你抓得到賓拉登也沒用，因爲很明顯的，他的組織如今已獨立出去。何況，還會有更多賓拉登這樣的人在以後一再出現。這是爲什麼我認爲我們需要有一個範圍更精準、定義更周詳和更耐心建構的反恐運動。

我們也不只需要調查恐怖份子的現狀，還得調查其根源，而那是可探知的，是可以找出來的。

單邊主義是喬治．布希外交政策的關鍵字

•在皇后區住著個叫康斯坦特（Emmanuel Constant）的海地人。他在海地被指控為戰犯，以違反人權的罪名被起訴。海地一直試圖把他從美國引渡回國。⑰如果海地以美國包庇戰犯為理由而動用空軍或海軍攻擊美國，那會是什麼光景？

正是如此。我想你的問題本身已經包含了答案。那是難以想像的，也唯有美國這個巨大強權能幹出這樣的事——它目前看來就有這樣的計畫。我的資訊不比任何人多，但看來美國政府正在搞一個大型的跨國運動、甚至是跨大洲的運動，去對付那些被認爲跟恐怖主義有牽連的國家。

目前的情形，華府就像有個祕密法庭決定哪個國家應該攻打，而情報部門內部也在辯論，哪個國家合該轟炸。這是完全叫人不能忍受的。沒有任何個人或政府有權擁有這種慾望或執行這種慾望的能力。

對九一一恐怖攻擊的合理回應——再一次，我是以一個爲恐怖攻擊帶來的死傷哀痛的紐約人的身分說話——不應該是美國單方面主導一切，而是應該馬上訴諸那個世界性的組織，也就是聯合國。就像其他事件一樣，這個事件的最高指導原則應該是國際法。但一切大概都已經太遲了，因爲美國從未這樣做，一向都是獨斷獨行，就像它當初攻打伊拉克（譯註：指第一次波斯灣戰爭）那樣——直到攻打行動計畫已經決定了才知會聯合國。

・為什麼美國政府及其盟友曾經努力要在海牙成立一個審判前南斯拉夫戰犯的聯合國法庭，而現在卻反其道而行？

問得好。但首先要知道的一點是，現在的美國政府已不是當時的美國政府。喬治・布希從一上任就把話說得一清二楚：單邊主義是他外交政策的關鍵字，只要是攸關美國利益的事，他想怎樣做就會怎樣做，而什麼事攸關美國利益，也完全是由美國來定義。美國外交政策偏向單邊主義已經有一段長時間，但現在卻加速了，而這大概是可以理解的，因爲九一一事件已經把美國的目光釘死了。缺乏一貫性和我行我素是美國外交政策的一大特色。

媒體喜歡找專家，卻不問他的能力與資望

・在你為新版的《遮蔽的伊斯蘭》（*Covering Islam*）所作的序〈媒體和專家是如何決定我們看世界的方式〉一文中，你說：「對伊斯蘭教惡毒的概括化，已經成為西方最後一種還被容許的詆毀異文化的方式。」⑱談談大眾文化在塑造阿拉伯人、穆斯林和伊斯蘭教所扮演的角色。沙欣（Jack Shaheen）出版了一本新書，叫《放映壞蛋阿拉伯人》（*Reel Bad Arabs*），談好萊塢一直以來怎樣醜化阿拉伯人、穆斯林和伊斯蘭教。⑲你認為這是個重要的研究領域嗎？

相當重要。我從一開始就這樣認爲，而我最先探討這個主題是在《東方主義》。長久以來，美國人談到伊斯蘭教或阿拉伯人的時候（順道一提，很多人都認爲阿富汗是阿拉伯世界的一部份），都不會加以細分，而認爲它們有一組核心的本質屬性——一些狂想出來，屬於大寫的「他者」（the Other）的屬性。這種態度把伊斯蘭教視爲西方人的反面：狂熱、暴力、好色、非理性等等。這種看法之所以一直堅持不輟，有著非常根深柢固的宗教原因，那就是伊斯蘭教被認爲是基督宗教的競爭對手。

伊斯蘭教與基督宗教同出一個根源，也就是亞伯拉罕的宗教，它先被發展爲猶太教，然後是基督宗教，再然後是伊斯蘭教。另外，伊斯蘭教還統治過歐洲一段長時間，始自七世紀中葉，迄於十五世紀，近八百年之久。

把伊斯蘭教視爲一個有威脅性的「他者」的意識至今還持續著。那套自殖民時代發展起來有關伊斯蘭教和阿拉伯人的知識——我稱之爲「東方學」——很大程度是爲了維繫歐洲和西方對伊斯蘭世界的控制和霸權而設。令人遺憾的是，這種情形今天並沒有改變多少。雖然美國跟伊斯蘭世界的接觸已經有那麼長的歷史，但如果你看看大部份的大學，就會發現涉及伊斯蘭教的課程非常少。而如果你看向大眾媒體，就會發現那個始自范倫鐵諾（**Rudolph Valentino**）的《酋長之子》（***The Sheik***）的刻板印象不僅未變，而且電視、電影和一般的大眾文化還進一步把阿拉伯人渲染成跨國性的壞蛋。⑳

要對伊斯蘭教作出一些荒謬的概括化是很容易的。幾乎每一期的《新共和》都會把伊斯蘭教等同於極端的邪惡，把阿拉伯文化貶低爲墮落的文化。同樣的情形幾乎不可能發生於今日美國的其他族群身上。人們普遍都很在意——也合該如此——非洲裔美國人、亞洲裔美國人和拉美裔美國人的感受。但對阿拉伯人的歧視卻始終存在，而其中一個主要原因是穆斯林和阿拉伯人在這場辯論中缺乏積極參與。

其理由相當複雜，無法在這裡詳加析論，但其中一個理由是伊斯蘭和阿拉伯世界一直沒搞清楚西方和大部份西方人是怎樣看穆斯林和阿拉伯人的。他們沒有一種對西方的文化政策，意識不到參與辯論或對話的重要性。就伊斯蘭教而言，就阿拉伯人而言，跟西方文化的對話是闕如的。另外，以色列也要負很大責任。如果你試圖談阿拉伯世界，如果你想把一個阿拉伯作家引介到美國（這個我有親身經驗），總是會引起親以派的大聲抗議，說爲什麼你不平衡一下？爲什麼你不同時引介一個以色列作家？有些時候，如果你談阿拉伯文化或文明，就會被認爲是反以色列的。這是一個非常固定的結構，是你必須要去克服的。沒有一個容易洽談的平面，到處都是政治陷阱和圈套。

我想補充談談高等教育在這件事情上的責任。以哥倫比亞大學爲例，雖然它有一個中東語文系，有一個宗教系，卻沒有常設的《古蘭經》課程。但想了解伊斯蘭教，你就不能不了解《古蘭經》。這是個很簡單的道理，就像你沒讀過新舊約就不可能了解基督宗教，沒讀過《托拉》（*Torah*）就不可能了解猶太教。何況，《古蘭經》在伊斯蘭教的地位要比《福音書》之於基督宗教或《托拉》之於猶太教還遠遠過之。你不可能只從一些概論性的書籍或西方學者的解釋中就了解伊斯蘭教是什麼。

•你在《遮蔽的伊斯蘭》的導論裡說：「有一批所謂的伊斯蘭事務『專家』已經聲名顯赫，每逢發生什麼大事故，他們都會被請出來，在新聞節目或談話節目裡放言高論他們對伊斯蘭教那一套公式化意見。」[21]公共電視網一個享譽甚高的節目是每晚一小時的《查理·羅斯秀》。我把它自九一一攻擊事件後邀請過的來賓列成清單。我把其中一些名字唸給你聽：克拉克（Wesley Clark）、柏格（Sandy Berger）、路易斯（Anthony Lewis）、里奇（Frank Rich）、哈伯斯塔姆（David Halberstam）、霍格蘭（Jim Hoagland）、祖克曼和阿賈米（Fouad Ajami）。阿賈米一共上過三次節目，他本來是哥倫比亞廣播公司的常客，現在卻不著痕跡地移師到公共電視網去。

它讓你看到人們對九一一的側重點何在，也就是不是把它單純看成一件發生在美國的恐怖事件，而是當成一件具有重大國際後果的事，認爲它攸關國家安全和軍事戰略。你提到的人並不全是一國的，但在這一類事情上，他們的觀點大體相同。這些人之中，只有阿賈米算是對伊斯蘭或阿拉伯世界略有所知。阿賈米清清楚楚表明他是站哪一邊的：美國右翼的一邊，新保守主義的一邊。他對以色列擺出相當友好的立場，而因爲他是阿拉伯人和穆斯林，所以被認爲是談話節目的理想來賓。但事實上，從他出版過的東西和說過的話顯示，他不是個有求知慾的人，而在我認識的伊斯蘭和阿拉伯世界專家裡面，沒有人知道他這一號人物或把他當一回事。這是媒體認知不協調的一個顯著例子。媒體喜歡找專家，卻不問他的能力與資望，不管他的作品或知識是不是夠得上被尊爲專家。這是相當讓人突兀的。我隨口就可以說出半打比阿賈米更精通伊斯蘭和阿拉伯世界事務的人。

•談談即將受美國軍事行動影響的伊斯蘭世界兩翼——西翼的埃及和東翼的巴基斯坦。

這是非常複雜的問題，但埃及政府正備受一個伊斯蘭運動的困擾，那基本是由埃及民族主義組織推動的，也就是興起於一九三〇年代的「穆斯林兄弟會」（Muslim Brotherhood）——一個反英、反帝國主義和反君主專制的組織。當然，它的目標也一直是在建立一個伊斯蘭國家。但埃及雖然以穆斯林佔大多數，卻不完全是個穆斯林國家。科普特教會（Coptic）的基督徒是一個舉足輕重的少數，而他們的埃及國民意識一點不亞於埃及的穆斯林。但不管怎樣，埃及的民族主義者正在往一個高度反動的方向走。它把自己視爲肩負恢復原始伊斯蘭教的使命，企圖要把埃及帶回到伊斯蘭教教法（Sharia）的統治，把埃及轉化爲七世紀的麥加，把一切現代文明加以摧毀。他們受到注意，是因爲他們有武裝，相對有組織，其支派有能力執行自殺任務，幹出殺死觀光客和行刺沙達特（Anwar Sadat）之類的事。他們是一股破壞性和暴亂性的力量。

但這並不表示所有虔誠的穆斯林——戴哈久博（hejab）的婦女和穿長袍蓄大鬍子的男人——都是他們的一份子。另外，埃及國內還有另一個大型的反對團體，它反對政府的政策——主要是經濟和外交政策。因爲這些政策製造了一個貧窮的畢業生階層，他們的人數以每年數十萬計增加。這些人找不到工作，沒有機會，沒有像樣的住處，無法養家活口。伊斯蘭教把他們全集結在一起。

對於這些人，埃及政府一直在玩一個危險的遊戲。它有時會順應他們的要求，例如禁掉一些被認爲色情和反伊斯蘭教的書籍，把教授和作家和公衆人物的資料建檔，密切監視一些被認爲有異心的團體，不管是同性戀團體還是宗教團體。

巴基斯坦的情形卻不同，復興伊斯蘭教的努力一直相當不成功。每當有機會舉行公投，讓全民決定他們想不想要一個伊斯蘭政府的時候，他們總是敗北。但他們仍然有能力搞破壞、暗殺之類的事。他們也對偏斜的經濟體表示不滿。巴基斯坦是個擁有核武的國家，卻無力解決像卡拉奇（Karachi）這些大城市的貧窮、飢餓和失業問題。所以，巴基斯坦本來就是個非常不穩定的國家。現在，再加上要配合美國大規模軍事行動這個大包袱，將會讓這個國家陷入深深不安。要是穆沙拉夫（Pervez Musharraf）的軍事政府被一個伊斯蘭教或支持神學士政權的運動搞垮，那局面將會更具威脅性，因爲巴基斯坦擁有核武。那可不是好玩的前景。

•九月二十二日《紐約時報》的一張頭版照片顯示兩個巴基斯坦警察對一名手無寸鐵的示威者拳打腳踢。有四個巴基斯坦人在卡拉奇被殺。㉒

這不奇怪，那是一個軍事政府，一心只想著討好美國和跟著美國動員。這可以爲它帶來一些經濟上的好處，豁免掉若干外債。㉓它會獲得更多的資助，而穆沙拉夫政府也會得到美國的鞏固。但儘管有這些好處，介入戰爭對巴基斯坦的影響長遠來說是負面多於正面。

‧目前的情形可說充滿反諷，特別是在巴基斯坦。他們在一九八〇年代曾經扶植過「聖戰士」，而「神學士」更是他們一手建立和助之取得政權的。

對，至今還是如此。巴基斯坦的情報部門……該怎麼說呢……事實上是神學士政權的控制者。阿富汗和巴基斯坦之間有密切的貿易關係，而它們之間的毒品買賣是準官方性的。那不只涉及一兩個人。巴基斯坦情報部門的所有機構都脫不了關係。所以戰爭一旦爆發，就不是那麼容易控制。

‧最後，可不可以說說有哪些有用的資訊來源？

關於阿富汗，有一系列的著作可資參考。我會建議從你提到的阿馬德的作品入手。他是我的親密摯友，兩年前逝世。㉔我推薦他的作品，是因爲他了解阿富汗。他本身是巴基斯坦人。他也了解西方。他了解阿拉伯人。他是個穆斯林。他是個有現代意識而歷史知識極爲豐富的人。所以我建議從阿馬德的作品著手。他有一系列的文章——包括你對他的訪談——都是容易找到的。至於阿拉伯人或伊斯蘭教的資料，有一整座圖書館的資料。胡拉尼（Albert Hourani）和希提（Philip Hitti）的作品都是非讀不可的。㉕有關當代埃及、巴基斯坦和阿富汗的作品同樣可以塞滿一座圖書館。我認爲我們應該嘗試找一些權威性的作品來讀，而不是讀一些論戰性的文章或國防部爲征服和戰爭所出版的手册。

註釋

① Eqbal Ahmad, *Confronting Empire,* p. 134. See also Eqbal Ahmad, *Terrorism: Theirs and Ours*（New York: Seven Stories Press/Open Media, 2001）, p. 4.

②〔譯註〕清眞寺裡率領穆斯林做禮拜的人。

③ Edward W. Said, "Islam and the West Are Inadequate Banners," *The Observer*（London）, September 16, 2001, p. 27.

④ Herman Melville, *Moby Dick, or the Whale*（New York: Modern Library, 1992）.

⑤〔譯註〕《白鯨記》中那白鯨的名字。

⑥ Darryl Fears, "Hate Crimes Against Arabs Surge, FBI Finds," *Washington Post,* November 26, 2002, p. A2.

⑦ See Phuong Ly and Petula Dvora, "Japanese Americans Recall '40s Bias, Understand Arab Counterparts' Fear," *Washington Post,* September 20, 2001, p. B1.

⑧ Somini Sengupta, "Torn Between Silence and Open Discussion," *New York Times,* September 19, 2001, p. B10.

⑨ Eqbal Ahmad, Personal conversation with the author.

⑩ Eqbal Ahmad, "Terrorism: Theirs and Ours," presentation at the University of Colorado, Boulder, October 12, 1998. Transcript available from Alternative Radio.

⑪〔譯註〕《黑暗之心》是英國作家康拉德的小說，描述一個海員駕駛一艘商船沿剛果河上溯的經歷。

⑫ Joseph Conrad, *The Heart of Darkness*（New York: Penguin Books, 1999）, p. 87.

⑬ Liane Hansen, Interview with Robert Kaplan, *Weekend Edition Sunday,* National Public Radio（NPR）, September 23, 2001.

⑭ David Letterman, Interview with Dan Rather, *Late Night with David Letterman,* September 18, 2001.

⑮ Matthew Parris, "The Bigger They Come the Harder They Fall," *The Times*（London）, September 15, 2001,

⑯ Steven Erlanger, "In Europe, Some Critics Say the Attacks Stemmed From American Failings," *New York Times,* September 22, 2001, p. B12.

⑰ Sarah Kershaw, "Renewed Outcry on Haitian Fugitive in Queens," *New York Times,* August 12, 2000, p. B2.

⑱ Edward W. Said, *Covering Islam: How the Media and the Experts Determine How We See the Rest of the World.* Updated and revised ed.（New York: Vintage, 1997）, p. xii.

⑲ Jack G. Shaheen, *Reel Bad Arabs: How Hollywood Vilifies a People*（Northampton, Massachusetts: Interlink, 2001）.

⑳ *The Sheik,* directed by George Melford（1921）and *Son of the Sheik, directed by George Fitzmaurice（1926）*.

㉑ Said, *Covering Islam,* p. xi.

㉒ See David Rohde, "Militants in Kashmir Deny Pakistani Support," *New York Times*, September 22, 2002, p. 1:27, and photograph on p. 1:1.

㉓ Edward Alden, "Bush Offers Fresh Help to Pakistan," *Financial Times*（London）, February 14, 2002, p. 10.

㉔ See Ahmad and Barsamian, *Eqbal Ahmad: Confronting Empire*.

㉕ See, among others, Philip Hitti, *History of the Arabs*, 10th rev. ed.（New York: Palgrave Macmillan, 2002）.Albert Hourani, *A History of the Arab Peoples*（New York: Warner Books, 1992）.

以巴勒斯坦人的觀點看以巴衝突

A Palestinian Perspective on the Conflict with Israel

二〇〇二年八月十五日
科羅拉多州，博爾德，KGNU 電台

•巴勒斯坦目前的危機或許是以色列佔領三十五年以來最嚴峻的。據倫敦《衛報》（*Guardian*）報導，迦薩地帶的巴勒斯坦人「嚴重營養不良」。①你對目前情勢有什麼評估？

可怕。那幾乎完全是以色列人對西岸城市的佔領造成的。迦薩被鐵絲網圍得像個大鐵籠。城市與城市間的道路是不准巴勒斯坦人用的。整個路網系統都保留給以色列的屯墾者使用，而他們居住在約旦河西岸和迦薩地帶是不合法的。如果把被以色列非法兼併的東耶路撒冷算進來，如今的屯墾者超過四十萬人。他們被容許帶著武器到處去。巴勒斯坦人基本上是被關在家裡面的，每天都有幾段很長的禁足時間，中間只會解除一陣子，以便他們可以出外買吃的。約旦河西岸大部份的基本建設都已經遭到摧毀。以色列把那裡稱爲「恐怖份子的巢穴」而大肆破壞，但事實上，他們破壞的幾乎都是民用設施：電力、水力、衛生設施。所有政府部門的辦公室都遭摧毀，不只是巴勒斯坦「民族權力機構」的辦公室遭殃，連教育部、勞工部、中央

133 134

統計局的建築也全都被摧毀。以色列部隊砸爛電腦，把硬碟和檔案帶走。一百萬份學童檔案被以色列人掠去②。另外，中小學和大學都是大部份學生到不了的。等穿過重重的路障，學校早已下課。從一個地方到另一個地方變得艱難無比。比方說你想從巴爾宰特到拉姆安拉的醫院看病，你根本到不了。你必須在路障前面排好幾小時的隊，接受檢查。有好幾十人因爲無法洗腎而喪命。有關人們（大部份是平民）在檢查站受到射擊的報導比比皆是，甚至在美國這裡也讀得到。

當然，美國媒體更喜歡報導的是巴勒斯坦的自殺炸彈客。報導中會附有流血現場和出殯場面的照片，遇害者的名字寫得清清楚楚。那些炸彈攻擊當然都是可怕的事件。問題是，被以色列殺害的巴勒斯坦人要比在自殺炸彈攻擊中遇害的以色列人多上許多。現在，報紙幾乎每天都有關於約旦河西岸和迦薩地帶情況的報導，而如果你仔細看，會發現幾乎每一篇的最後都會說今天有四個或五個或六個巴勒斯坦人被殺。報紙不會登載他們的姓名。以色列士兵殺他們也沒有什麼特別的理由。死難者中不少是兒童。被殺害的巴勒斯坦人和以色列人比率是三比一，有時甚至是四比一。③

巴勒斯坦人營養不良是以色列人禁止食物流通的直接結果。讓我告訴你一件昨天才發生的事。一輛載著四千公斤李子的貨車想要進入迦薩這個鐵籠，卻被留置在一個路障前面幾小時，因爲烈日曝曬，最後李子全爛掉。④最要命的是禁止醫療服務、血液供應和藥物。我有一個女性朋友因爲生病獲准出外就醫。救護車要把她從拉姆安拉載到約旦的安曼。她坐在車頭。但去到離蓋蘭迪亞（Qalandia）檢查站大約兩百公尺的時候，士兵向救護車開火，擋風玻璃粉碎，子彈只差幾英寸就打中她。這種事司空見慣。

我剛寫了一篇文章，叫〈緩慢死：被細細懲罰〉（Slow Death: Punishment by Detail）。⑤我想，這就是夏隆的計畫，細細懲罰巴勒斯坦人，讓他們慢慢死去。餓他們，揍他們，讓他們受不了，自己走人。但他並沒有得逞。巴勒斯坦人還是留在自己的土地，沒有離開。他們是絕望，是不快樂，但就如所有的反殖民戰爭的情況一樣，壓迫反而加強了他們的韌性和抵抗意志。

巴勒斯坦人目前沒有政治前景可言。夏隆的計畫基本上是要求美國大規模援助，利用這援助把對巴勒斯坦人的圍困繼續下去。現在人們都在大談改革，而有很多改革方案也在醞釀中。很久以前喬治・布希就說過，我們巴勒斯坦人需要改革。但喬治・布希對巴勒斯坦的了解不多於一顆大頭針的針頂。在目前的處境下，巴勒斯坦人不可能有眞正的改革或選舉或安全。巴勒斯坦人等於是被關在自己家裡。沒有人被允許隨處去，如果你這樣做，就會被射擊。車輛會被摧毀。以色列報紙滿是有關肆意破壞的報導，而從四月起，以色列的破壞行動更是指向了民宅。在傑寧（Jenin）、雅波亞（Jabalya）、狄黑旭（Deheishe）這些地方，好幾千戶巴勒斯坦民宅被美國所提供的推土機所推倒。另外，老城納布盧斯市中心被入侵，由一百五十輛以色列坦克佔領。要知道，那裡的街道又小又窄，坦克開過，兩邊民宅的牆壁就會被擠爛。以色列威嚇的不是恐怖份子而是平民。

被封死在罐頭裡的沙丁魚

・讓我學學以色列人的口氣說話：「我們沒有談判夥伴；我們採取這些手段，是面對巴勒斯坦恐怖主義的一種自衛。」你會怎樣回答？

自一九九三年起，他們就有了談判夥伴，當時阿拉法特和巴解組織跟他們簽了一紙協議。這協議的後續發展我都記載在我的書裡。以色列本來答應撤出約旦河西岸和迦薩地帶的，但最後只歸還了十八％的土地，而如今，他們又把它們給重新佔領。在這段期間，屯墾區的數目增加了超過一倍。所以隨著所謂的和平進程的推進和談判的展開，巴勒斯坦人事實上一無所得，屯墾區的數目和巴勒斯坦人被搶走的土地只有愈來愈多。

自一九九六年起，以色列好幾次關閉邊界，讓那些要到以色列打工討生活的巴勒斯坦人不得其門而入。以色列又從羅馬尼亞和泰國這些國家輸入數以萬計的外勞。⑥單是迦薩一地，失業率就高達七十%，有四分之三的巴勒斯坦人每天靠少於兩美元生活。⑦這一切製造了一種絕望氣氛。人們名副其實是要為生存而奮鬥。他們沒有陸軍，沒有空軍，嚴格來說也沒有領袖，因為阿拉法特被關了起來。也沒有任何民生事務部門，因為以色列把它們摧毀殆盡。這就是巴勒斯坦人的處境。然後以色列又說他們沒有談判夥伴。其實他們想要有多少談判夥伴我們都拿得出來。除美國和以色列以外，世界大部份的國家都會樂於與民選出來的領袖談判。

我是個異議份子，而如果要投票，當然不會投給阿拉法特。但他卻毫無疑問是巴勒斯坦人的領袖，因為他是在一九九六年一次受國際監督的選舉中當選的。所以巴勒斯坦是有人當家做主的。但夏隆及其內閣的目的卻是要把巴勒斯坦人罪犯化、孤立化和非人化，讓他們像蟑螂一樣死去。正如夏隆昨天所說的，巴勒斯坦人的領袖在他們眼中不過是一幫暗殺者和腐敗的恐怖份子。⑧

所以說，對，你是可以摧毀別人對話希望的同時而又抱怨沒有對話夥伴的。巴勒斯坦人的死傷者之中，大約八十%是平民⑨。迄今有近一年的時間，以色列都在實施所謂的「定點清除」（targeted killings），也就是暗殺行動。⑩只要他們認定誰是恐怖行動的策劃者，就會用汽車炸彈或直升機飛彈或 F-16 把他幹掉。但從一架 F-16 投彈到全世界人煙最稠密的地方，將無可避免帶來其他的死傷。在最近一次行動中，有四座建築被摧毀。十五個人被殺，其中九個是小孩子。然後，夏隆宣稱這是他們有史以來執行得最成功的行動之一。⑪

如果殺死九個小孩是成功的行動，那我就奇怪，為什麼人們在譴責巴勒斯坦人出於絕望的自殺炸彈攻擊之餘，不同時譴責以色列的恐怖轟炸，它造成的死傷要遠大得多。以色列的定點清除迄今已殺死八十個人。⑫他們只說某個人是某件陰謀的主使者，不提出任何證明，不列舉任何證據，就逕直去殺他。他們會把他旁邊的人一起除掉。如果他是坐在車子裡，他的家人就得陪葬。以色列還會拆毀他和家人的房子。要不就是把他家族中的男性成員驅逐出境。除此以外，自從在春天重新佔領約旦河西岸以後，以色列拘留了一批為數不少的巴勒斯坦人，並把其中一些押解到以色列去。根據第四個「日內瓦公約」（the Fourth Geneva Convention），這是不合法的。你不能把別人從他們的土地抓走，帶到另一個國家去。但以色列卻這樣幹了。它們還在一些巴勒斯坦人的手臂上用墨水刺上記號，情形跟納粹對待猶太人的方式沒有兩樣。以色列是個核子強權，配備最新式的美國軍火，卻用它們來對付基本上手無寸鐵的平民。那很難可以稱之為自衛。在我看來，那是恐怖主義和謀殺。

一件從未被美國媒體正視的事情是，不只以色列所謂的自衛是站不住腳的，它對約旦河西岸和迦薩地帶的佔領也是站不住腳的。巴勒斯坦人已戰鬥和抵抗了超過三十五年。他們失去了大部份土地。一紙虛文的「奧斯陸協議」讓他們失去更多土地。另一件從未被正視的事情是，巴勒斯坦人是一群無國之民。以色列幹的事是衝著他們全體幹的，不是衝著某些被稱為恐怖份子的個人。其目的正如夏隆自己多少說過的，是為了摧毀巴勒斯坦人生命的痕跡。要嘛進行種族清洗，要嘛把他們大批送到約旦，或看著他們自己走人，或讓他們慢慢死去。

我認為以色列自衛的一套說詞完全是胡說八道。要不是有美國撐腰，同樣的事發生在世界任何地方都會馬上被圍剿。以色列是世界上唯一一個國家敢當著電視鏡頭前面明著幹的。電視當然是有缺陷的媒體，它不提供背景與脈絡。但它至少可以讓你看到民宅被毀的情景，看到以色列坦克怎樣在無武裝的村莊裡大模大樣的樣子。用「自衛」這樣的字眼是語言的歪曲，其訴求只有「荒謬」兩個字可以形容。

•美國的反恐戰爭在哪些方面跟以色列的對巴政策有交集？

那是送給夏隆的大禮。夏隆現在愛說，美國在阿富汗所做的事就是以色列在約旦河西岸和迦薩地帶所做的事。⑬再一次，這是一個荒謬的類比。約旦河西岸和迦薩地帶是被切割爲一小區一小區的，巴勒斯坦人根本動彈不得。他們就像是被封死在罐頭裡的沙丁魚。所以把約旦河西岸和迦薩地帶說成是某種恐怖份子中心——像美國說阿富汗的那樣——是站不住腳的。這是其一。

其二是，以色列已經軍事佔領了巴勒斯坦三十五年。人們會忽視這一點，不但是因爲以色列不願意承認那是佔領，而是因爲他們認爲土地是他們的。幾星期前，我看到以色列內政部長蘭多（Uzi Landau）在電視談話節目裡爭辯說「佔領」兩個字是用詞不當⑭。美國國防部長倫斯斐現在也說同樣的話。⑮蘭多說：「你怎麼可以說那是佔領？我們只是回家。雖然有別的人住在那裡，但這不是重點。猶太人是根據神聖權利擁有這片土地的。」

這又是一個荒謬的論證。世界上沒有任何其他地方有人膽敢提出這樣的論證。第三點我要說的是，不管在約旦河西岸還是阿富汗，反恐戰爭的收效都相當可疑。阿富汗是個破敗的國家。它受到無情的轟炸。美國聲稱它俘虜或摧毀了大部份的蓋達組織（al-Qaeda）。美國抓了兩、三千個俘虜。他們其中一些被不合法地送到關塔那摩灣（Guantánamo Bay），在那裡受到不人道的對待。⑯本來，美國攻擊阿富汗是為了抓賓拉登。但賓拉登卻消失了，奧瑪爾（Mullah Omar）⑰也不知所蹤。現在的卡爾扎伊（Hamid Karzai）政府雖然得到美國支持，但阿富汗的局勢只比從前還要動盪。

我沒有意思聲援神學士政權。他們是一群猙獰的人。但不要忘了，他們曾經部份受到美國的支持，先是在對抗蘇聯的戰爭，後來是在阿富汗內戰。他們至少曾經能夠維持阿富汗的秩序，但現在的情況卻不是這個樣子。如果你在喀布爾（Kabul）街頭閒逛，就會有性命之憂——出了喀布爾之外就更不用說。以為恐怖主義是可以打擊和制止的想法同樣是荒謬的，因為那是個從未被檢驗的形而上觀念。它讓美國就像以色列一樣，變成某種恐怖的、近乎神學性罪惡的犧牲品。布希和夏隆都以為他們有權自任為十字軍，愛用什麼方法打誰就打誰。就因為這樣，道德、強弱懸殊的比例和攻擊平民全不被當一回事。

美國已經愈來愈相信（這是以色列所樂見的），它有權利去改變別的國家的政權。它公開宣稱它想要改變伊拉克、巴基斯坦和伊朗的政權。以色列也是這個樣子。在中東地區，美國的利益與以色列的利益有異乎尋常的重疊。但在我看來，它們無一符合美國眞正的國家利益。以色列遊說團體的手在這裡力量非常龐大。而像裴爾（Richard Perle）⑱、伍夫維茲、倫斯斐和他們的所有走狗都在把美國拖向戰爭，製造大破壞——不只是破壞中東地區，還是破壞美國的經濟甚至世界的穩定性本身。

以色列遊說團體的力量

・以色列遊說團體對美國國會和行政部門的影響力毋庸置疑。但影響美國政府政策的還有另外一些因素。談談美國在中東的地緣政治戰略利益。

美國在這地區的外交政策有兩大主軸。一是保障以色列的安全和戰略地位，以之作爲美國的代理人。另一是力保沙烏地阿拉伯的石油能夠無障礙地源源流入美國。不知道你有沒有注意到，過去六個月以來，美國媒體不約而同出現了一波反沙烏地阿拉伯和埃及的運動，而這兩個國家都是美國的兩大阿拉伯盟友。我不認爲這是偶然的。關鍵在於以色列和美國想要改變中東的形勢圖，以便美國可以更直接控制波斯灣的油源。而透過在諸如伊拉克扶植對美國俯首貼耳的新政權，也可以除去以色列的一些心腹大患。

伊拉克是潛在最強大的阿拉伯國家。它有油源。它有水源。它的國民教育程度偏高。它有一個可怕的政府，由一個暴君所領導。它受到禁運的重創迄今已經有十二年。現在美國想要進一步把它剁成肉醬，讓伊拉克不再成為一股反對以色列的力量。美國也想對沙烏地阿拉伯做同樣的事。我不是要聲援紹德王室（House of Saud），但他們供應了美國六十年廉價的石油卻是不爭的事實，而這是以犧牲人民和阿拉伯世界的福祉為代價的。

而美國現在卻有一個反沙烏地阿拉伯的運動。大概是想要拉現在的政府下台，不然至少是壓制它，讓它無法在阿拉伯世界對以色列的共同鬥爭中起作用。對埃及也是如此。這兩個政權都腐敗、無效率而專制得無可救藥。它們都是一黨專政國家。它們打壓人權。民主在這兩個國家都寥寥無幾——埃及要比沙烏地阿拉伯多一點。美國想要除去它們，壓制它們，就像伊拉克行將會因為被打敗而受到壓制那樣。壓制它們就可除去這些國家可能帶給巴勒斯坦人的任何戰略利益。其出發點是要讓巴勒斯坦人失去一切支持。壓制沙烏地阿拉伯的好方法大概是奪去它的油田。壓制埃及。摧毀伊拉克。改變伊拉克和伊朗的政權。然後你就會有一張新的中東形勢圖——一張讓以色列稱心如意的地圖。

夏隆一直都是打這樣的算盤。他在一九八二年之所以入侵黎巴嫩，不只是爲了摧毀巴解組織（他並沒有這樣做），而是爲了改變政權，扶立以色列的恭順盟友賈梅耶（Bashir Gemayal）上台。[19]賈梅耶甫就職就被刺殺了。[20]但夏隆並沒有學到教訓，他仍然以爲軍事力量和美國的支持可以讓他扮演上帝的角色，重繪中東地圖。不幸的是，布希和五角大廈那群傢伙同樣相信這一套。那基本上是一種抽象和理論性的思維。他們對中東和伊斯蘭世界的了解少得可憐。

其結果是引起巨大的反美浪潮，而美國目前的政策只讓事情雪上加霜。現在美國打算建立一個電台，向阿拉伯人廣播，爭取他們對美國及其政策的支持。但阿拉伯人不是笨蛋。布希反覆重申的美國價值觀也許眞的存在於他和他四周一群人的腦子裡。但阿拉伯人、穆斯林和歐洲人卻愈來愈看清楚，美國是個藐視國際法的國家。它撕毀一些協議又拒絕簽署另外一些。它認爲自己凌駕一切，凡事都可以當個例外。人們看到的是這個，不是美國價值觀——不管所謂的美國價值觀到底何指。從這個國家出口的，除了消費品以外，還是一種非常有別於自由與民主的東西。我認爲我們正往很糟的階段一頭栽。

・七月底，馬里蘭大學教授泰爾哈米（Shibley Telhami）**在參議院外交關係委員會上作證時指出：「在這個地區（指中東地區），仇美情緒瀰漫。」㉑如果這一類的評估是正確的話，美國為什麼繼續推行種種會引起憎惡和怨恨的政策？**

這是個非常有意思的問題。我想起因是一種知覺的扭曲，而其推手主要是以色列。以色列遊說團體的力量強大到足以扭曲美國的政策，讓美國把以色列的福祉擺在第一優先。在美國，這已經成了一種固定的聚焦方式。這個國家的政治論述顯然就是這樣。我來舉一個例子。麥考爾（Carl McCall）正在競選紐約州長。他認爲，想要勝選，就非得到以色列走一趟，輸誠表忠。他跑到約旦河西岸一處屯墾區，向「恐怖份子」放了一槍，以證明他對以色列的忠誠，證明他對以色列及其屯墾政策的支持是眞誠的。㉒希拉蕊做過同樣事情。除了麥金尼女士（Cynthia McKinney）等少數例外，每一個參議員和衆議員都會願意簽署一封信，承諾支持以色列、承諾永不指責夏隆。這是一種內建的思維方式。

除此以外，美國民衆對中東情況的驚人無知，也是美國的偏頗政策得以維持下去的理由。阿拉伯人從未有過統一的宣傳政策。跟猶太人比起來，美國的阿拉伯人是一個很小的少數，勢力、財富和組織性都遠不如猶太人。阿拉伯人被視爲恐怖份子和狂熱份子。伊斯蘭教被描繪爲愛暴力的宗教。過去幾年發生的事件當然又進一步加強了這種印象。你不被容許加以反駁。刻板印象又被希欽斯（Christopher Hitchens）、伊格納蒂夫（Michael Ignatieff）、沃爾澤（Michael Walzer）這些前左翼份子所加固，他們異口同聲說恐怖主義是伊斯蘭教固有的東西，是伊斯蘭教的核心部份。他們甚至創造出「伊斯蘭—法西斯主義」（Islamos-fascism）這樣的字眼㉓。結果就是任何異議和理性討論都幾乎受到禁止。

你在媒體上找不到任何對這一類謬論的反駁。再來還有羅思（Dennis Ross）這一類的人。他是柯林頓政府時期的中東和平特使。在那之前他是拿以色列的錢爲以色列遊說的人，當完特使後又重作馮婦。他在電視上說阿拉伯人斷然拒絕以色列的一切美意，說以色列是愛好和平的國家，而阿拉伯人是罪犯，應該以核武加以消滅。媒體也附和他的意見——不過這是可理解的，因爲當時人們還處於九一一事件引起的震動和憤怒中。

但要知道，這個世界有兩億八千萬阿拉伯人和十三億的穆斯林，他們並不是一個樣的，不都是恐怖份子。這個事實全被遺忘了。結果，人們腦子裡有的只是一些抽象化和概括化的刻板印象，而這些刻板印象又受到路易士（Bernard Lewis）之流的所謂傑出東方學家的加強。路易士說過，整個伊斯蘭世界都走入了歧途。㉔聽他的口氣，就像是在談一些托兒所裡的小孩，他們因爲行爲偏差而應該送到感化院。在這種情況下，要理性討論美國的國家利益變成了不可能。如果你試圖這樣做，就會被指控爲反猶太主義者。不過更多時候你根本找不到發聲的空間。另外，大衆的態度也是非常冷漠，對他們來說，中東是個遙遠的地方，充斥著想要殺死我們的恐怖份子。結果我們就尋求更多的戰爭、更多的摧毀，但也招致更大的反美情緒。

我們是受害者的受害者

・阿馬德在為《筆與劍》寫的導言裡說：「巴勒斯坦人的一大不幸是其所受壓迫來自於一個罕有的敵人：一個本身也經歷過長期和深重迫害的民族。」㉕

正如我常說的，我們是受害者的受害者。以色列是在第二次世界大戰和納粹大屠殺之後建國的。猶太復國主義運動開始於一八九〇年代，而早在二戰以前，巴勒斯坦就已經看得到猶太人的屯墾區。當時猶太人爲趕走握有巴勒斯坦託管權的英國人，也曾採取恐怖主義手段。這一切都被人遺忘了。人們還記得的只是——某種程度是正確的——歐洲的猶太人在大戰後無處可去。歐洲人不想要他們，美國人不想要他們，只能任由本—古里安這樣的猶太復國主義份子操縱。他把他們帶到巴勒斯坦，而在這個過程中，整個巴勒斯坦民族被剝奪、遭受驅逐。

巴勒斯坦不是無人地帶。那裡早住著人：八十萬巴勒斯坦人在一九四八年被從他們自己的土地趕走。這一點，在以色列的軍事檔案裡是可以查得到的。過去五十四年來，以色列都受惠於歐洲人、基督徒和美國人對納粹大屠殺的罪疚感。不幸的是，爲此付出代價的卻是巴勒斯坦人。我們巴勒斯坦人總是被視爲是反猶的。事實上，巴勒斯坦人是明令禁止殺害猶太小孩的，再說，我們面對世界上最強大的一個軍事強權，根本沒有能力還手。但就因爲我們被認定是反猶的，所以就被認爲是該殺的。以色列總理比金（Menachem Begin）在一九八二年以軍入侵黎巴嫩時就說過這樣的話。㉖他說殺巴勒斯坦人是沒有關係的，因爲他們繼承了納粹的傳統。

但大家對這件事都是有道德責任的。以德國人爲例。他們的立場非常爲難，因爲對猶太人的大屠殺就是他們幹的。它與以色列的關係極端敏感。儘管如此，德國和英國還是應該拿出勇氣來，面對他們的責任，因爲巴勒斯坦人的苦難是它們一手造成的。當德國人屠殺猶太人時，當英國人把巴勒斯坦留給猶太復國主義者時，他們就製造了巴勒斯坦人的悲劇。當然，他們是爲難的，但在我看來，他們只有爲巴勒斯坦人挺身而出，才符合道德正義。很多巴勒斯坦人都說，歐洲人對猶太人所做的事爲什麼要我們來買單？歷史上，住在阿拉伯或伊斯蘭國家的猶太人要比住在基督宗教國家的猶太人好過得多。在伊拉克、葉門和埃及這些地方都有猶太人的團體。他們感覺自己是國家的一份子，不覺得有必要到巴勒斯坦去建立一個猶太人國家。中東原是個多種族多宗教的地區。

以色列目前所做的事乃是追求一種神話性的種族純淨。以色列之所以打壓和殺害巴勒斯坦人，目的是維持其國家的猶太性格。依我之見，唯一的解決之道就是承認那是一片住著兩個民族的土地，唯一的希望就是願意以平等的方式並存，而不是以一方凌駕於另一方的方式並存。但正如我說過的，西方人對猶太人的苦難是那麼的問心有愧，以至於巴勒斯坦人要取得同情仍然困難重重。

但看起來，經過這麼多年以後，已經有愈來愈多的人明白到，以色列的所作所爲是不能拿納粹大屠殺來當理由的。沒有錯，以色列是個獨立的國家。但它也是世界上唯一沒有宣示國界的國家。有的只是停戰界線。以色列保留擴張國土的權利，一心想著攫取更多的領土，趕走更多的人。這跟納粹大屠殺一點都沾不上邊。那是一種非常危險的彌賽亞式狂熱。它只會讓非常血腥的局面長存下去。很多以色列人如今已明白這是一種自殺政策。因爲就算以色列能夠徹底擺平巴勒斯坦人——比方說把他們殺光或全部趕走——它被一群充滿敵意的阿拉伯國家環伺的事實還是改變不了的。阿拉伯人這種敵意與日俱增，因爲以色列的所作所爲現在是可以在阿拉伯的電視和全世界的電視上看得見的。以色列製造的怨氣甚至恨意歷幾代人都不會消散。他們的政策是非常短視的。假定美國會永遠支持它是不智的。他們也不能假定全世界會永遠任由它藐視國際法和聯合國決議案。總有一天，它會自食惡果。

•還有兩三個影響美國中東政策的因素。其中一個是那些龐大的美國國防承包商，像是格魯曼（Northrop Grumman）、波音（Boeing）和洛克希德·馬丁（Lockheed Martin），它們明顯是希望中東局勢會繼續動盪下去，以便可以賣更多的軍火。另一個因素則是基督教右翼（Christian right）對以色列的熱烈支持。

先說第一個。那是極重要的因素。我想全美五百個國會選區的每一個，都多少存在著國防產業。所以，武器外銷——它是美國一大出口項目——如今變成了一個就業議題而非國防議題。這是一個方面。另一個方面是中東地區要比世界任何地方都要花更多的錢在買美國的武器上。沙烏地阿拉伯是美國軍火的最大買主之一。㉗所以美國和沙烏地阿拉伯之間是有相互依存關係的，而這是那些反沙國運動的鼓吹者所忽視的。但諷刺的是，沙烏地阿拉伯、阿拉伯聯合大公國（United Arab Emirates）、科威特和卡達（Qatar）都大量購買最先進的戰鬥機和雷射導向飛彈，卻又不能用它們。

埃及也是這個樣子，埃及軍方是該國就業人口的最大雇主，它的武器極端依賴美國供應。但這些武器卻是派不上用場的。它們扭曲了經濟結構，是以犧牲人民的福祉而購買的，包括教育、大眾健康、科技轉移方面的經費都受到嚴重擠壓。埃及會買這些武器，實際是出於美國的吩咐，而得益者則是你提到的那些公司。把大量武器賣到中東地區就是把這個地區給軍事化。一個閒置而又太龐大的軍人階級於焉形成，他們除了鎮壓人民以外別無用處——埃及就是這個樣子。埃及人看來不願意選擇戰爭，但又不願意選擇和平。而在以色列，最先進的武器則是拿來對付巴勒斯坦平民用的。

幸而，美國大學校園已經出現了一個運動，要求大學當局疏遠一些和以色列進行軍火買賣的公司。㉘這個運動成長驚人，依循的是七○和八○年代反南非種族隔離運動的模式。以卡特彼勒公司（Caterpillar）來說好了。我對這家公司特別感冒，因爲以色列用來推倒巴勒斯坦民宅的推土機，就是它生產的。這一類的公司現在都受到十目所視，大家慢慢了解到它們怎樣在中東的煙硝中火上加油。中東亂，受惠的當然是美國的企業，但它也以一種間接的方式加強了美國的霸權。因爲你買了美國的軍火，就會需要零件、訓練人員，等等。這方面的需求增加了沙烏地對美國的義務，讓美國可以在那裡加派更多的駐軍。

・基督教右翼呢？

羅伯遜（Pat Robertson）、福爾韋爾（Jerry Falwell）這些人都公開鼓吹支持以色列，程度誇張到說巴勒斯坦人是兇手，說穆斯林是背教者，是無神論者，是暴力的狂熱份子。但如果你看仔細一點，就會發現事情另有蹊蹺。我研究過他們，因爲我家在耶路撒冷的房子被一個叫「國際基督宗教大使館」（International Christian Embassy）的團體佔用。那是一個基督宗教基本教義派團體，主要由美國人組成。事實上，這一類組織背後的動機都是深深反猶的。但他們卻支持以色列。爲什麼呢？他們說以色列是猶太人的國家，是上帝賜給猶太人的，猶太人應該大批大批移居那裡。這正是猶太復國主義者的夢想：離散世界各地的所有猶太人都回到錫安（Zion）去。

但基督教右翼之所以鼓吹這個，是爲了彌賽亞的再臨作準備。因爲「基督再臨」這思想是包含著一場大戰的，凡不轉皈基督宗教的猶太人都會在大戰中被殺。這樣，世界的新時代才會開始。換言之，基督教右翼對以色列不尋常支持的背後是有著深邃的反猶太主義動機的。一等所有猶太人都集中在錫安，就把他們全部消滅。基督教右翼和共和黨右翼是一對因利害關係而結合的夫妻。在美國南部和西部，有非常大比例的人口視喬治‧布希爲他們的領袖，其人數約有七千萬到八千萬。他的政策受到這些人無條件的支持。布希的政策是非常反巴勒斯坦人的，對巴勒斯坦人的苦難毫無了解。但共和黨右翼的選民卻無條件支持他，因爲他是他們利益的保障者。共和黨右翼在七〇和八〇年代曾把基督教右翼視爲敵人，但現在卻反過來，大力支持和資助基督教右翼的宣傳和主張。對於這種現象，我第一個想到的形容詞是「扭曲」。事情變得怪異可笑。

我們的公民需要更大的覺醒和更多的資訊，成為他們積極的對話者

・讓我們再來談一談你的親密摯友阿馬德。他是一九九九年在巴基斯坦過世的。他在一九九八年說過：「賓拉登是將要來臨的事情的徵兆。」我問他這話什麼意思，他說：「美國在中東和南亞播下了非常毒的種子。這些種子正在成長。它們有些已經成熟，有些正在成熟。研究一下它們為什麼會被播下、成長和收割是很有必要的。飛彈解決不了問題。」㉙什麼才解決得了問題？

我想這是相當悲觀的。美國並不只是像布希或倫斯斐這一類個人的集合。不是說把他們換下來，換上一批明事理的人就足以解決事情。這是系統性的問題。是整個視野的問題。我們的公民需要更大的覺醒和更多的資訊，特別是在美國行將進入一個更侵略性的階段的現在。我想我們應該做的是讓民眾對中東問題的癥結有更大的認識，讓他們第一次認識到，中東住著的並不是只有基本教義派的穆斯林。

現在每一個阿拉伯大國都出現了人權運動。它們有追求資訊自由的，有追求言論自由的。女權運動也正在茂盛發展中。過去十年來，積極參與社會事務的女性大

大增加。即使是像科威特這樣的國家，也出現了一股自由化的風潮，奮力與伊斯蘭主義者抗爭。它們有反對一黨專制的、有反對寡頭統治的、有反對家族統治的。我們應該正視這種現象，成爲他們積極的對話者，而不是一方面向他們說教，一方面恨他們。

我不想拿自己當例子，但我是同時屬於這兩個世界的。我總是認爲這兩個世界是可以並存的，因爲這兩個世界都有相同心靈的人，他們都希望共存，都信賴理性的論證，信賴世俗化而非宗教性的政治，認爲軍事化和壓迫是非常反生產性的，應該不惜任何代價加以避免。我不是和平主義者，但我卻願意鼓吹和平主義，因爲機會有可能轉瞬即逝。軍隊是沒有用處的。而當它們派得上用場的時候（像以色列和美國的情況），則只會製造更多的破壞和播下更多不滿的種子。我感到不管是在阿拉伯世界或美國，都有很多人是願意聆聽這個訊息的。問題一直是在於，有媒體大敲戰鼓和政府頑固不化的情況下，要怎樣才能讓這些人會面並了解彼此？

我相信民間社會是希望之所寄，因爲像教會、大學這些地方都是有相對大的自由討論空間的。有愈來愈多比我年輕一代的人開始意識到這一點。這是唯一的轉變希望。我不認爲轉變可以來自政變或布希政府所談的那種改換政權。

註釋

① Jonathan Steele, "For Hire: The Boy Human Shields in Gaza's Most Desperate Town, " *The Guardian*（London）, August 6, 2002, p. 2.

② See Ewen MacAskill, "Schools, Banks, and a Puppet Theatre Trashed, " *The Guardian*（London）, April 26, 2002, p. 13.

③ See chapter 2, note 5.

④ See Joshua Hammer, "Road Rage and the Intifada, " *Newsweek,* July 30, 2001, p. 20.

⑤ See Edward W. Said, "Punishment by Detail, " *Al-Ahram Weekly* 598（August 8-14, 2002）. Online at http://www.ahram.org.eg/weekly/2002/598/op2.htm.

⑥ Tal Muscal, "Foreign Worker Permits Continue to Rise Despite Government Decision, " *Jerusalem Post,* December 19, 2002, p. 11.

⑦ Khaled Abu Toameh and Melissa Radler, "Palestinian Society Teetering on Edge of Ruin, UNRWA Warns, " *Jersualem Post*, December12, 2002, p. 2, Wilkinson, "Palestinian Towns Wobbling on Last Legs."

⑧ Ramit Plushnick-Masti, "Sharon Calls Palestinian Authority a 'Terror Posse, '" Associated Press, August 8, 2002.

⑨ See chapter 2, note 5.

⑩ See Dan Izenberg, "Report Slams 'Assassination' Policy, " *Jerusalem Post,* October 17, 2002, p. 3, referencing reports by the Public Committee Against Torture in Israel（PCATI）and the Palestinian Society for the Protection of Human Rights and the Environment（LAW）.

⑪ Sharon called the assassination of Salah Shehada a "great success." Suzanne Goldenberg, Brian Whitaker, and Nicholas Watt, "Sharon Hails Raid as Great Success, " *The Guardian*（London）, July 24, 2002, p. 1; Anton La Guardia, "Israel Divided by Policy of 'Target Killing,'" *Daily Telegraph*（London）, July 26, 2002, p. 16.

⑫ See chapter 2, note 5.

⑬ See Gary Younge, "Lots of Wars on Terror: The Bush Doctrine Is Now a Template for Conflicts Worldwide, " *The Guardian*（London）, December 10, 2001, p. 17.

⑭ Interview with Uzi Landau, *The Charlie Rose Show,* PBS, June 28, 2002.

⑮ Rumsfeld referred to the "so-called occupation" of Palestinian land. Barbara Slavin, "Rumsfeld View Veers from Mideast Policy," *USA Today,* August 7, 2002, p. 10A.

⑯ See Julian Borger, "Civil Liberties Clampdown: Rights Flouted at Guantanamo Bay, "*The Guardian*（London）, September 9, 2002, p. 4.

⑰〔譯註〕阿富汗神學士政權的領袖。

⑱〔譯註〕五角大廈國防政策諮詢委員會主席，喬治．布希的智囊。

⑲ Robert Fisk, *Pity the Nation: Lebanon at War,* 3rd ed.（London: Oxford University Press, 2001）, p. 274.

⑳ Fisk, *Pity the Nation,* pp. 353-55.

㉑ Shibley Telhami, Testimony, Senate Foreign Relations Committee, Washington, D.C., Federal News Service, July

31, 2002.

㉒ See Adam Nagourney, "McCall's Israel Trip Lingers As Issue in Governor's Race, " *New York Times,* March 13, 2002, p. B5; Susan Saulny, "Demonstrations Highlight Deep Divisions Over Growing Conflict in Middle East, " *New York Times,* April 6, 2002, p. B5.

㉓ See Oliver Burkeman, "Nation Loses its Voice, " *The Guardian*（London）, September 30, 2002, p. 7.

㉔ Benard Lewis, *What Went Wrong? Western Impact and Middle Eastern Response*（New York: Oxford University Press, 2002）. See Edward W. Said, "Impossible Histories: Why the Many Islams Cannot be Simplified"（review of Bernard Lewis' *What Went Wrong? Western Impact and Middle Eastern Response* and Karen Armstrong's *Islam*: A Short History）, *Harper's Magazine*, July 2002.

㉕ Eqbal Ahmad, Introduction, in Edward W. Said, *The Pen and the Sword: Conversations with David Barsamian*（Monroe, Maine: Common Courage Press, 1994）*, p. 15.*

㉖ See Edward Cody, "'Soldier' or 'Terrorist'; Through a Mideast Looking Glass, " *Washington Post,* July 7, 1982, p. A1.

㉗ See chapter 2, note 36.

㉘ See Matthew MacLean, "Students Demand Divestment, This Time Targeting Israel, " *Christian Science Monitor,* April 9, 2002, p. 14.

㉙ Ahmad, *Eqbal Ahmad,* p. 135.

在勝利的集合點

At the Rendezvous of Victory

二〇〇三年二月二十五日　紐約

•文化在抵抗運動中能扮演什麼角色？

巴勒斯坦人的處境是一個現成的例子。有一整系列的文化論述現已成了鞏固和維繫巴勒斯坦人認同感的部份憑依。有巴勒斯坦人的電影，有巴勒斯坦人的戲劇，有巴勒斯坦人的詩歌，有巴勒斯坦人的文學。還有巴勒斯坦人的批判和政治論述。凡是政治認同受到威脅的地方，文化都是一種抵抗滅絕和被抹拭的方法。文化是「記憶」抵抗「遺忘」的一種方式。就此而言，我認爲文化極端重要。

但文化論述還有另一個面向：它具有分析的力量，可以超越陳腔濫調，可以戳破官方赤裸裸的謊言，可以質疑權威，可以尋找替代方案。這些全都是文化抵抗的軍火庫的一部份。

·文化對權力是有威脅性的。一九八二年夏隆率軍入侵貝魯特時，曾特意把那些官方保存的檔案文件加以破壞摧毀。二十年後入侵拉姆安拉時，他又把薩卡基尼文化中心（Khalil Sakakini Cultural Center）大肆蹂躪了一番。①

你指出的這點確實非常重要。薩卡基尼文化中心是以薩卡基尼（Khalil Sakakeeny）的名字命名的，他是一九四八年以前巴勒斯坦一位極重要的教育家。他湊巧是我父母的朋友，所以兒時我常常看到他來我家。他創辦的學校很有名，很多布爾喬亞的民族主義者都在那兒念書。那不是一所英語學校，而是一所民族主義學校。它也是非宗派性的。它教導巴勒斯坦的年輕人認識自己民族的文化與政治遺產。薩卡基尼本人是基督徒，但很多他的著名學生都是穆斯林。所以他的學校是一個熔鑄民族主義意識的重要熔爐。所以，位於拉姆安拉的薩卡基尼文化中心可說是巴勒斯坦民族、知識和文化生活的象徵，也因此會成爲以色列人的靶子。

二〇〇二年的時候，以色列人又洗劫了巴勒斯坦的中央統計局。他們搬走所有電腦，破壞硬碟，又帶走原屬於教育部與衛生部的所有檔案。②任何看似檔案庫的東西都是以色列人除之而後快的，因爲它們會爲一段湮滅的歷史提供物質性的存在。這是每一個帝國主義者都有的愚蠢心態。在殖民時代的阿爾及利亞，法國人也禁止學校教授阿拉伯文。但人們總是有辦法找得到地方（清眞寺）學習阿拉伯文，把口語傳統給傳承下去。殖民者總是想要去壓抑，但民眾總是有抵抗的技巧與意志。

在一個大變動和抵抗的時代，詩人試圖透過傳統找出他或她自己的聲音

・穆罕默德・達維希被認為是巴勒斯坦的民族主義詩人。他的重要性何在？

那很複雜。首先，達維希是在以色列長大的。他不像巴解組織大部份成員那樣是個巴勒斯坦人。他不是從僑居地回來的。他一直住在以色列，是以色列的公民。他能說流利的希伯來語，也能說流利的阿拉伯語。他是最早的所謂抵抗詩人之一。換言之，他的詩歌充滿民族主義基調，最重要的是，他非常堅持巴勒斯坦人的身分認同。他最著名的一首詩是〈身分證〉（Identity Card），其起句這樣說：「寫下來！我是個阿拉伯人。」③這首詩事實上源自他的親身經驗。直到一九六六年爲止，以色列境內的巴勒斯坦人都是處於軍事管制之下，常常需要到什麼機關報到、登記。有一次，他以桀驁不馴的語氣對負責登記的人說：「記下來，我是個阿拉伯人。」他那首詩的第一句就是這樣來的。

達維希在一九七〇年代初離開了以色列，住在埃及，後來又住在貝魯特和巴黎，成爲一個流亡詩人。我深信他是阿拉伯世界最偉大的詩人之一，足以與最近逝世的敘利亞詩人格巴尼（Nizar Qabbani）和尚在寫詩的敘利亞詩人阿多尼斯（Adonis）並駕齊驅。他的地位與南亞傳統中的費茲（Faiz Ahmed Faiz）多有相似之處。達維希吸引到大量的群衆——數以千計——去聆聽他朗誦自己的詩歌。

他是個如飢似渴的讀者，而雖然跟巴解組織的淵源悠久，但卻是個喜歡隱遁的人，很少從事公職。他的品味和視野都相當世界主義。過去二十年來，他的詩作產量龐大，並發展出另一種風格的詩歌——我會稱之爲沈思與抒情的風格。他的寫作題材廣泛，從安達魯西亞（Andalusia）到美洲原住民到他自己的重病，無所不寫。他最新的一首頌詩（*qasida*）是〈圍困下〉（Under Siege），描寫的是二〇〇二年以色列入侵約旦河西岸時的情景。④

他是個有很多向度的詩人。他當然是個大衆詩人，但也是個強烈個人性和抒情性的詩人。他肯定是個世界級的詩人，是當今世界最優秀的詩人之一。論對語言的駕馭能力，他跟沃爾科特（Derek Wolcott）和希尼（Seamus Heaney）——一個是加勒比海人，一個是愛爾蘭人——這兩位諾貝爾文學獎得主不分上下。他完全不是個宗教詩人，但很多詩歌都受到《古蘭經》和《福音書》的語言的影響。影響他的還有洛爾卡（Lorca）、聶魯達（Neruda）和葉夫圖申科（Yevtushenko）。他在俄羅斯待過一段時間，所以對那兒的文學傳統相當熟悉。有些較新一代的詩人——像布羅茨基（Brodsky）——他也熟悉。

• 你曾經比較過達維希和早期的葉慈（W.B. Yeats）。

對，因爲達維希跟解放鬥爭的關係非常密切，一如葉慈曾經爲爭取愛爾蘭從英國殖民統治下獨立而鬥爭。葉慈總是跟一些正規的文化團體有關連，像他對阿比劇院（Abbey Theatre）的參與就是一個例子。他是愛爾蘭的參議員。他要比達維希更加是個公眾人物，儘管達維希也相當有名。達維希幾乎沒有擔任過公職，唯一例外是任巴勒斯坦民族議會議員那段期間，但那不是什麼眞正重要的職位。

・詩與政治論爭的界線何在？它們是可以緊密地交織在一起的嗎？以聶魯達為例，他是以浪漫詩人和形而上詩人的身分成名的。但他在西班牙內戰時期去過西班牙一趟以後，詩風有了激烈的改變。為了回應批評者，他寫了〈我作些解釋〉（I'm Explaining a Few Things）一詩，詩中他假借批評者的口吻發問：「丁香花在哪裡？」又說：「你們會問我：你的詩篇／為什麼不訴說夢想、樹葉／和你祖國的大火山？」他在詩的結尾處三次重申他的回答：「你們來看街上的鮮血吧。」⑤

今天的巴勒斯坦人就像聶魯達一樣，以詩來回應處境的要求。這些詩人有男的，也有女的，像圖康（Fadalla Tukan）就是非常優秀的女詩人。自一九四八年起，我們巴勒斯坦人的處境就是高度政治性的，因爲作爲一個民族，我們的自我表達被封死了。本來，任何詩人其實都是以某種方式回答其自身所處的政治和歷史情勢的要求，所以每個詩人都是與政治存在隱含關係的。德國哲學家阿多諾（Adorno）說過，哪怕是最私人形式的一種詩歌——也就是抒情詩——都是與政治脫離不了關係的。但巴勒斯坦人和其他阿拉伯人的詩歌卻因爲某些特別的理由而顯得政治味道濃厚——然而這並沒有使它們單單成爲政治文學。固然，有些政治文學是沒有藝術價值的，但美學形式與政治題材之間不必然是衝突的。

在阿拉伯世界又特別是在巴勒斯坦人的例子中，美學與政治是交織在一起的，而這是幾個原因造成的。其中之一是因爲我們生活的每一個層面都無時不受到壓迫和封鎖——我們受到軍事佔領，我們的國家被摧毀，我們自感是一個流亡國家。所以作家就對此作出回應，努力去界定我們的處境。另一個原因是伊斯蘭教和阿拉伯語言傳統的內在動力有以致之。阿拉伯語是非常強有力的一種語言，也是阿拉伯人文化表達的核心。它是非常緊密地跟眞主的語言——也就是《古蘭經》的語言——連結在一起的。《古蘭經》是 ***munzal*** 的，換言之是由眞主直接啓示的。它是眞主無中介的話語。所以在一個大變動和抵抗的時代，詩人很自然地會試圖透過這個傳統找出他或她自己的聲音。阿多尼斯在他的詩歌裡充分做到這一點，而這也是他的詩爲什麼那麼難懂的原因。他的詩是一種異乎尋常的知識，但另一方面又是一種反知識。他覺得自己有必要創造一種新的語言去對抗舊的語言，但他能夠成功，又是因爲他從《古蘭經》的習用語與信仰中汲取資糧。

·很多美國人對阿拉伯語的所知就只有這個神話：「刀」字有一千個說法。

對，那很荒謬可笑。阿拉伯語被大大歪曲了。因爲它是伊斯蘭教的語言，所以它首先被認爲是一種用來爭論的語言。另外它又被以爲是一種暴力性的語言。事實上，任何像我這樣懂好幾種語言的人都會覺得，阿拉伯語是最美麗的語言之一。它的結構非常對稱，非常合邏輯。阿拉伯語具有很亞里斯多德式的結構。

•鮑爾在聯合國演說時，反覆把伊拉克總統海珊的名字唸成「所多瑪」（Sodom）⑥**，你聽了一定會皺眉頭。那是怎麼回事？即使我們不懂阿拉伯語的人也知道那應該唸「薩達姆」**（Saddam）。

那是一種傲慢和露骨的藐視表現。我想這一方面是爲了把海珊給妖魔化，另一方面則是爲了顯示那種我們熟悉的藐視。伊拉克被當成就是海珊這個人本身，不只如此，他的名字——就像你說的——還常常被拼錯。他毫無疑問是個糟透了的獨裁者，但在世界獨裁者的俱樂部裡——甚至只是二十世紀獨裁者的俱樂部裡——他只算小兒科。

•這樣的情形可不只見於鮑爾一人，年薪數百萬的新聞主播也老是說「埃拉克」（伊拉克）、「埃朗」（伊朗）、摩斯林（穆斯林）、「伊茲蘭教」（伊斯蘭教）。

對，這全是東方學家那一套，以此來把阿拉伯人異類化、距離化、非人化。這也是爲什麼大部份阿拉伯人都對美國媒體和美國政府極爲憎惡。流行的大衆論述對我們阿拉伯人生活的核心部份是那麼地無知而又那麼地藐視，以致我們不得不把它們視爲是對我們文化與文明的一種攻擊。

・我們再來談談詩的話題。總統夫人勞拉・布希（Laura Bush）原定二月十二日在白宮舉行一場向惠特曼、狄瑾蓀和休斯（Langston Hughes）致敬的頌揚會，但後來突然取消，原因是她得知部份受邀的詩人打算要藉機表達對攻打伊拉克計畫的異議。⑦

非常明顯，要是有任何詩人參加那個頌揚會，就是自取其辱，因爲這件事情是白宮想把自己定位爲文化主子一個無恥和赤裸裸的表現。這種事情在美國很常見，它想要把詩人的角色中性化，讓他們成爲一種裝飾品，而不是積極參與者。我很高興勞拉・布希有那個聰明把頌揚會給取消了，而不是請來幾個詩人，讓他們站在那裡，假裝惠特曼和狄瑾蓀沒有說過任何反戰的話。文化與權力的關係的議題被勞拉・布希這次邀請給整個凸顯了出來。有些詩人公開表示他們不認爲出席頌揚會是正確之舉，而我也很高興整件事情泡了湯。

・接下來全國各地都出現了逆向閱讀（counter-readings）。

這反映出這場戰爭有多麼不得人心，又特別反映出，很多人已看出美國正在走進了一個美國歷史上獨一無二的階段。政府操在一個小集團的手上。我覺得與其稱之爲一個政府，不如稱之爲政權或軍事集團，因爲現在這個政府並不是在眞正的意義下代表人民。民主黨並不構成一種替代力量。布希政府由一群好戰的新保守主義份子主導，他們都是以色列的狂熱支持者。他們之所以鐵了心要出兵伊拉克，不是爲了什麼美國的安全，而是爲了鞏固美國的世界霸權。他們不惜一切代價，也不管會對世界的其他地方帶來什麼傷害。因此，訴諸詩乃是一種表達不滿的替代方式。

・納德（Ralph Nader）**等人稱布希、錢尼**（Dick Cheney）**、伍夫維茲、裴爾這幫人為「膽小鷹」**（chicken hawks）。

因爲他們沒有一個服過役，而他們本來是可能輪得到的。布希七〇年代是有在德州的國民兵服過役，但卻開了近一年的小差。⑧所以這些人沒有打仗經驗，現在卻又主戰，著實可恥。

•這幫人說他們希望把民主帶到中東。

他們這樣說，是把民主這個觀念給瑣碎化。我不認爲歷史上有過民主可以透過征服和轟炸建立的事例。我納悶這種錯亂的觀念是怎麼想出來的。

我很高興有那麼多反對對伊戰爭的聲浪和示威。但我驚訝它們沒有更激烈些，因爲這戰爭不但有損這個國家的利益與福祉，而且徹頭徹尾是不道德的。我納悶布希政府怎麼還能繼續惡搞到現在。

•在二月十五日，有多達五十萬的人在紐約走上街頭。第二天，又有大概二十萬人在舊金山遊行示威。⑨這樣的規模是前所未有的。

我同意你的看法。它也許反映出人們的批判意識正在升高，而諷刺的是，這是九一一事件的一個後果。美國人已經開始意識到別人批評美國也許是有道理的，已經開始懷疑那套一貫的說詞：別人恨我們是因爲嫉妒我們的民主自由和價值觀。別人批評我們老是進行海外干涉，老是炫耀武力，老是想要證明我們愛幹什麼就可以幹什麼。我們藐視聯合國。我所期望的是，美國人民有朝一日也會明白到，美國的一些盟友（像以色列）就像美國一樣無法無天。布希反覆說現在是聯合國展現其貫徹對伊拉克決議案的決心的時候了。但我們不禁要問：有多少聯合國決議案是美國和以色列不屑一顧的？巴勒斯坦人每日每日被殺，而這是違反「日內瓦公約」的，是違反聯合國憲章的，也違反了許許多多的聯合國決議案。我想，已經有更多人了解到美國政府的虛矯。

・看來，民意與在位者看法的落差不只見於歐洲，也見於美國。

絕對是如此。到處都是如此。我想除少數例外，在大部份國家，民衆的意願和人民的所謂「代表」之間都有著巨大落差。我想我們已經走到了所謂的代議制民主破產的邊緣。它在任何地方看來都沒有行得通。英國和義大利的情況顯然就是如此。在很多阿拉伯國家，聲稱代表人民的政府也不眞的是代表人民。

・阿拉伯的公眾意見常常被（美國媒體）貶稱為「街頭」（the street）。有趣的是，當羅馬有三百萬人走上街頭和兩百萬人在英國示威的時候，美國媒體卻沒有稱那些遊行者的意見為「街頭」。⑩

我來告訴你一些有關「街頭」這個字的事。很多東方學家都喜歡用它。人們都潛意識地把阿拉伯人和「街頭」聯想在一起，然後到了十九世紀末二十世紀初，就流行起「街頭阿拉伯人」（street Arab）這個詞兒來。它指的是無業遊民。很多維多利亞時代作品在提到小販、乞丐這一類我們稱之爲「街民」（street people）的人時，都稱之爲「街頭阿拉伯人」。而我想，現在美國媒體之喜歡把阿拉伯民意稱爲「阿拉伯街頭」（Arab street）⑪，是爲了暗示持這些意見的人都只是社會上的渣滓，基本上是一群野蠻人和次人（subhuman）。所以，我想「街頭」這個字會被用來指阿拉伯國家的民衆意見，並不是偶然的。

事實上，阿拉伯世界的政治討論要比美國細緻，意見光譜要寬得多。位於卡達的「半島」（Al-Jazeera）衛星電視網就是一個好例子。阿拉伯世界的非國營電視台比美國的非國營電視台具批判性。正如你指出過的，美國媒體正處於歷來最亂七八糟的時刻之一。⑫在動員戰爭這件事情上，電視台都自甘充當政府的武器。

•我們再來談一談民主的弱化。當二月十五日有一千萬人走上街頭的時候，喬治・布希不當一回事地把他們貶稱為一個「焦點團體」（focus group）⑬。如果那是一個「焦點團體」，那一定是歷史上最大的一個。

對，一定是。我們總統目中無人和我行我素得不可思議。從我讀到過有關他的一切都讓我有一個印象：他自以爲能夠與上帝直接溝通。這是一神論基本教義派的一個特色。我家族的其中一支就是基本教義派的浸禮宗教徒。這種世界觀認爲，上帝是會直接對個人說話的，而相信這一套的人會對自己的想法深信不疑，拒絕接受任何理性的論證。這種思想完全不是伊斯蘭教的專利。你可以在猶太教中找到這一套。它也是清教徒和新教徒傳統很重要的一部份，而我相信它也是天主教傳統的一部份。但如果持這種信仰的人是世界最強大國家的總統，它就會特別可憎和危險。

巴格達是阿拉伯世界的文化資本

•討論伊拉克的時候，一件一貫被抹殺的事實是伊拉克乃是世界上三個最古老的基督教會的家園，它們分別是加爾底亞教會（Chaldeans）、亞述教會和亞美尼亞教會。猶太

教、基督宗教和伊斯蘭教均把它們的源頭溯至亞伯拉罕，而亞伯拉罕的出生地是伊拉克南部的吾珥（Ur）。

幾乎沒有人注意到，伊拉克乃是整個阿拉伯世界甚至整個伊斯蘭文明的文化中心。伊拉克的文明是跟幾千年前的蘇美文明、亞述文明和巴比倫文明一脈相承的。但它如今卻被化約爲「所多瑪」——一如你剛才指出的。不要忘了伊拉克曾是阿拔斯哈里發王朝（Abbasid caliphate）的所在地，而阿拔斯哈里發王朝是阿拉伯文明的高峰。伊拉克至今仍是阿拉伯文化的重鎮。有一句諺語說，埃及人善於寫，黎巴嫩人善於出版，伊拉克人善於讀。巴格達顯然是阿拉伯世界的文化資本。在所有的阿拉伯國家中，伊拉克是自然和人文資源最豐富的。它擁有充沛的石油和水源。它擁有一個高度發展的中產和專業階級，但這個階級卻受到禁運的嚴重削弱。美國人對伊拉克的文化偉人——偉大的作家、藝術家、畫家、雕刻家和科學家——一無所知。這只是伊斯蘭／阿拉伯世界和西方世界存在著巨大鴻溝的又一證明。

•伊拉克也是發明書寫的地方。

沒錯。這一點在任何阿拉伯人的意識裡都很有份量，又特別是伊拉克行將受到攻擊的現在。我想，說阿拉伯世界沒有一個地方的人愛哈珊，這話並沒有錯。但他們卻關心長期受苦難的伊拉克人民，後者承受禁運之苦已有十二年之久，持續爲轟炸、營養不良、飢餓、健康惡劣所折騰，得不到學校需要的用具和書本。這一切都是阿拉伯世界感受深切的。布希說：「我們跟伊拉克人民沒有齟齬。」但接著就有六千枚巡弋飛彈朝巴格達而去。顯然這中間是有矛盾的。⑭

• **「震懾」**（Shock and Awe）**攻擊⑮只會喚起人們對閃電戰**（Blitzkrieg）**⑯的記憶。⑰**

就是這個目的。就像德勒斯登（Dresden）⑱和廣島一樣，這攻擊被認爲可以對伊拉克全民產生震嚇和癱瘓意志的效果。

• **你一向對語言的使用十分注意。語言可以被操縱，用來製造誤導。我舉兩個例子。一個來自《紐約時報》：「大部份巴勒斯坦人都認為**（consider）**約旦河西岸的屯墾者和士兵是非法佔領行為的尖兵。」⑲另一個媒體自我設限的例子是這個：「巴格達宣稱**（claims）**，美國主導的禁運導致了大規模的營養不良和高得異常的嬰兒死亡率。」⑳**

現在談到阿拉伯人的苦難時，「所謂」（alleged）、「宣稱」（claimed）這一類字眼已蔚爲流行。說起來令人難過，我自己就親身碰到過這樣的例子。去年秋天，我和一群哥倫比亞大學的同事與校長會晤，討論一個賣掉學校一些股票的計畫（要賣的是一些與以色列有軍事生意來往的公司的股票）。然後我們談到以色列的踐踏人權、轟炸和推倒民宅，建立了一個形同種族隔離的系統。沒想到校長的反應卻是說，把以色列所做的事跟南非種族隔離政策相提並論是不倫不類和令人憤慨的。他又把以色列的踐踏人權說成是「所謂的踐踏人權」。這是相當不可思議的，因爲有關巴勒斯坦的人權報告現在已經是高高一疊了——有來自「國際特赦組織」（Amnesty International）的、有來自「人權瞭望組織」（Human Rights Watch）的、有來自「以色列佔領區人權資訊中心」（B'Tselem）的，有來自聯合國的。所以那是一個共同的策略，那就是把阿拉伯人的訴苦說成是誇大其詞，認爲不管他們受了多大的苦，都是未經證實的。這現在已經是一種老生常談，也是那個詆毀阿拉伯人和把他們非人化的宣傳機器的一部份。

另一個策略是宣稱巴勒斯坦人跟我們是不一樣的人。他們的價值觀與我們不一樣。說他們對人命的看法跟我們不同。這是始於十八世紀的殖民主義經典論證之一。把被殖民者稱爲未開化的人，說他們不珍惜土地、不懂得怎樣利用土地，因此歐洲殖民者把土地拿走是合情合理的。現在這個國家使用的就是這個論證。它在非洲被使用過。在印度被使用過。而當猶太復國主義者在二十世紀初期抵達巴勒斯坦的時候，使用的是同樣的語言。他們自認爲是從原住民那裡把土地「救贖」回來，而原住民則被形容爲不過是遊牧民族。

反猶太主義

•在二〇〇二年，一位相當知名的詩人鮑林（Tom Paulin）應邀到哈佛大學演講。這個邀請引起非常大的爭議，因為他一向大力批判以色列。㉑

那是個複雜的故事，要講得從頭講起。它可以回溯到今年稍早哈佛大學校長薩默斯（Lawrence Summers）對「疏遠運動」（divestment campaign）的回應。他在哈佛的主教堂做了一場演講（還是講了一場道？），談到反猶太主義在美國正在復燃。他的主要證據是反對以色列的聲浪在全美國逐漸升高。一個疏遠運動正在全國的大學蔓延開來（譯註：指要求大學當局疏遠跟以色列有軍火貿易的企業的運動），先是在哈佛和麻省理工學院，然後擴延到哥倫比亞、普林斯頓、柏克萊，再蔓延到其他大學。其鼓動者主要是大學教員，使用的是七〇和八〇年代美國大學生抵制南非種族隔離政策的模式。

我們當然要問：批評以色列的行徑爲什麼跟反猶太主義扯得上邊？但薩默斯就是要這樣扯，就是要把批評以色列等同於反猶太主義。鮑林受到邀請，是那之後幾星期的事。他是個北愛爾蘭的新教徒，任教於牛津，是當今英國最有名的四、五個詩人之一。他同時也是優秀的文評家，我爲哈佛主編的「匯聚」（Convergences）系列叢書中有一本是他的作品。他也是傑出的講者，常常以評論家的身分上BBC的談話節目《深夜秀》（*The Late Show*），暢談電影、音樂、文學和芭蕾舞。所以說他是個極爲多才多藝的人，以前就應邀到哈佛主持過年度的格雷（Morris Gray）講座。但一個叫戈爾貝格（Rita Goldberg）的人——他既不是英語系的人也不是哈佛教員——發現鮑林在一次訪談裡說過痛恨以色列的屯墾者，說他們讓他想起納粹黨衛軍。鮑林更早先還寫過一首關於阿爾杜拉（Mohammad Al-Dura）的詩。阿爾杜拉就是那個被以色列士兵射殺、死在父親臂彎裡的小孩。當時的情形恰巧被記者拍到，舉世皆知，他如今成爲抗暴運動某種象徵性的人物。戈爾貝格把這些事告訴了文學院，院方則去徵詢薩默斯的意見。薩默斯說他尊重言論自由和學術自由，卻擔心鮑林的出現會引起校園不安，所以那邀請就被取消了。我當然憤慨，因爲鮑林說的話也許激動，卻是對媒體偏頗以色列立場的公允回應。

順道一說，《紐約時報》幾乎每天都會有一篇關於以色列的文章，而在最後一段，你通常都會讀到這樣的文字：「今天，又有三個巴勒斯坦人被殺。」我們像隻蒼蠅一樣被殺，沒有人跳出來說句話。而我想鮑林會說那樣的話，是出於對以色列行徑的憤慨，而且也沒有說錯。但他馬上就因此被指控爲反猶太主義者。

但後來英語系再次開會討論，決定還是恢復邀請他。所以說整件事情的目的不只是箝制言論自由，還是企圖要在批評以色列和反猶太主義之間劃上等號，這種做法，是完全不公正的、操縱性和機會主義的。它反映出，以色列的支持者已經變得有多麼無所不用其極。不過另一方面，這事件也反映出，以色列不再像以前那樣，可以把任何批評都打壓下來，就因爲這樣，他們才會用勢力、影響力和恐嚇策略反擊，讓人們覺得這些人是反猶太主義者。

我還想補充的是，目前校園的氣氛因爲一個網站的存在而更加翻騰。這網站專門點名那些批評以色列或看來支持巴勒斯坦人的學界人士。[22]站長名叫派普斯（Daniel Pipes），基本上是個二流、沒有教職的學者。他進一步把批評以色列和反美國劃上等號。所以批評以色列不只是反猶太主義，還是反美國。有個叫克拉默（Martin Kramer）的無恥以色列人用這個網站來攻擊任何說話不中他聽的人。例如，他把哥倫比亞大學稱爲「哈德遜的巴爾宰特（大學）」，理由是那裡有兩個教員是巴勒斯坦人。㉓八千教員中的兩個！如果你那兒有兩個巴勒斯坦人，就會被當成爲恐怖份子的隱匿之所。這種氣氛和麥卡錫的時候沒有兩樣。

•派普斯是一個稱為「中東論壇」（Middle East Forum）**的組織主持人。他經常是談話節目的來賓。現在的情況可以說是充滿反諷。因為首先，阿拉伯人就是閃族的一支**（譯註：Anti-Semitism〔反猶太主義〕一詞的原意是「反閃族主義」，而閃族〔Semites〕一詞在近代兼指阿拉伯人和猶太人）。

「反猶太主義」這個詞現在從來不會用來形容那些攻擊阿拉伯人的人。我想我們應該首開風氣，把那些攻擊阿拉伯人的言論稱爲「反猶太主義」。事實上，在十九世紀的歐洲，反猶太主義是同時指反猶太人和反阿拉伯人的行徑。

•這觸及一個敏感的問題，因為明顯有些人是仇恨猶太人的。

我認爲我們必須承認確實有過一段反猶太主義的恐怖歷史——歐洲和基督宗教的反猶太主義尤其要命。在歐洲，這種反猶太主義以納粹大屠殺爲其高峰。任何否認有過反猶太主義或納粹大屠殺這回事的態度都是不能接受的。我們不允許任何民族的苦難史被竄改、被否認。另一方面，承認猶太人受過壓迫絕不代表他們可以以此爲口實，壓迫另一個民族的。我們必須要搞淸楚，猶太人在第二次大戰經受過多少苦是一回事，以色列有沒有權利軍事佔領巴勒斯坦又是另一回事。別忘了，以色列所做的事是以猶太民族的名義去做的，而不是以中國人或其他民族的名義。所以，猶太人與以色列和以色列行爲的關連是由以色列自己提出的。

記得有一次在約旦河西岸拍電影的時候，我看到一些以色列人用推土機破壞屬於阿拉伯人的農田。我問那些以色列人：「你們怎能做這樣的事？這些土地是屬於這些人的，他們在這裡務農已經很多代。」他回答說：「那不是他們的土地。那是以色列人民的土地。」我說：「你這是什麼話。你們怎麼能用『以色列人民』這樣的口實來壓迫別的人民，怎能單單因爲猶太人在歐洲受過苦，就希冀所有人聽你們支使。你們不能拿這一套來這裡掠奪另一群人。」

我們必須對什麼才是反猶太主義嚴加揀別。我認爲必須把目前中東阿拉伯人對以色列的普遍反感區分於歐洲過去的反猶太主義，和目前出現於奧地利和法國這些國家的新形態反猶太主義。後者是貨眞價實的反猶太主義，因爲他們恨的是猶太人本身，非關其他。但中東阿拉伯人對猶太人的反感卻跟猶太人本身無關，而跟作爲猶太國家的以色列的所作所爲有關。它們的根基是不一樣的。歐洲的反猶太主義是神學性的。它奠基於基督宗教的神學。歐洲人因爲猶太人是害死基督的元凶，所以不信任和討厭猶太人。例如天主教對猶太人的譴責就有很悠久的歷史。這樣的態度完全不存在於伊斯蘭教，因爲在伊斯蘭教，猶太人被認爲是「《古蘭經》之民」（people of the book）[24]。無疑，在沙烏地阿拉伯和埃及之類的國家，確實有人想從歐洲引進《猶太人賢士議定書》（*The Protocols of the Elders of Zion*）[25]之類的小冊子，製造風浪。但那是相當不尋常的，其根源相當有別於歐洲的古典反猶太主義。

・苦難要怎樣量度或比較？

比較苦難是無聊和令人反感的。「發生在今天巴勒斯坦人身上的事就是昔日發生在猶太人身上的事」這話全不是眞的。猶太人經歷的苦難極爲可怕，是史無前例的。但另一方面，這並不是一個可以用來合理化以色列對巴勒斯坦人殘暴壓迫的理由。比較是無關宏旨的。重要的是指出兩者都是不能接受的暴行。

•因為我是亞美尼亞人，所以對這個問題特別感興趣。

有一次我在加州大學洛杉磯校區演講，一個亞美尼亞人問我：「你會不會拿亞美尼亞人遭到的集體屠殺來跟猶太人或巴勒斯坦人的遭遇比較。」我回答說爲什麼要費這個事呢？它們全都是恐怖的歷史經驗。它們之間顯然有些共通特徵。有很多人被殺，無辜受苦。但重點是它們都是不能接受的，不應該讓類似的事繼續發生。

•我記得二〇〇二年過世的作家兼詩人喬丹（June Jordan）提過，不應該把苦難量化。

對。不應該比較苦難，比較就是一種量化。美國黑人受過多少苦難？我近期演講強調的其中一點就是，這個國家裡面一直存在著相當大的苦難，卻沒有人願意承認。我不相信苦難是有起迄可言的。換言之，你不能說苦難開始於哪一個時候、結束於那一個時候。它是會持續下去的。它會烙印在受苦難的民族的意識裡，而不管那是亞美尼亞人、猶太人還是巴勒斯坦人。沒人有資格說：「我們談苦難談得夠多的了。換個話題吧。」很多人現在談到奴隸制度、納粹大屠殺和亞美尼亞集體屠殺時，都持這種態度。事實上，那種加諸於一個民族生活上的扭曲，即使事隔幾代以後仍然會是個陰影。它會持續一段很長的時間。很難去給它定個起點、中間點和終點。

記憶是一種保存身分認同感的有力集體工具

•亞美尼亞人在一九一五年經歷了二十世紀的第一起集體屠殺。金澤爾（Stephen Kinzer）**幾年前寫過一篇文章，題目是〈亞美尼亞人永遠不忘記。也許他們應該忘掉〉**（Armenia Never Forgets. Maybe It Should.）。[26]**這篇東西的基本主題就是奉勸亞美尼亞人「把事情忘掉」。它沒有引起反彈或評論。要是金澤爾敢勸猶太人忘掉過去，事情可沒完沒了。**

我碰到過一次相當類似的事。那是一九八八年。納勒（Michael Lerner）在紐約辦了一個《復興雜誌》（*Tikkun*）的會議，我和朋友阿布—魯浩德（Ibrahim Abu-Lughod）同屬一個座談小組，在座的還有沃爾澤。談到一個火爆處，沃爾澤說：「你們將要建國了，所以我認爲重要的事是不要再去想過去。你們會有你們的國家，而我們會有我們的，事情應該到此落幕。」這時候，一個叫希爾達·西爾弗施泰因（Hilda Silverstein）的女聽衆怒沖沖站了起來，說了一番我永生難忘的話：「你憑什麼叫巴勒斯坦人不應該再提起過去？你和我所屬於那個民族不是老在提醒世界我們受過多少苦難、要求世人永不忘懷的嗎？你憑什麼要求巴勒斯坦人忘記？」什麼時候該記著、什麼時候該遺忘，是一件應該我們自己決定的事情。今天有些猶太人——不管這裡的還是以色列的——喜歡對巴勒斯坦人這樣說：「不要再把自己當成受害者了，開始怪罪你們自己吧。」我覺得這簡直是穢褻。遺憾的是，有相當數目的阿拉伯知識份子也是這種調子。「別再談帝國主義和猶太復國主義的罪惡了。我們的傷口是我們自造的，讓我們開始反省這個吧。」阿賈米和馬基亞（Kanan Makiya）之流就是這個樣子。那是一種深深的自卑自賤，我感到深惡痛絕。它完全呼應了那個新保守主義的觀點：人應該爲他們所受的罪負責。假如帝國主義沒有出現過就怎樣，假如集體屠殺沒發生過就怎樣，假如種族清洗沒發生過就怎樣——這一類的話令我髮指。

• 捷克作家米蘭·昆德拉（Milan Kundera）**在他的小說《笑忘書》**（*The Book of Laughter* *and Forgetting*）**裡說：「人反抗權力的鬥爭，就是『記憶』反抗『遺忘』的鬥爭。」**㉗

　　我現在的演講總會強調記憶對巴勒斯坦人的重要性。我們沒有組織性的記憶，因爲我們沒有國家，沒有一個中央政府。儘管如此，幾乎每一戶巴勒斯坦人家（哪怕他們已是一九四八年以來的第三代）都仍然會保存著祖屋的鑰匙、舊信、舊契約、老照片、舊剪報——這些都是我們的生存相對整全的時代的遺物，而保存它們，就是爲了保存那個時代的記憶。記憶是一種保存身分認同感的有力集體工具。它不只可以透過官方論述和書本來保存，也可以透過非正式的記憶來保存。那是抵抗歷史被擦拭的一座要塞，是抵抗的一種方法。

　　巴勒斯坦口語的字尾變化仍然保存在一九四八年迄今的第三、四代巴勒斯坦人口語裡。我兒子就是一個例子。他是在紐約長大的，但最後還是學會了巴勒斯坦語。你聽他講巴勒斯坦語的時候，會聽得到他祖父的腔調。他顯然是從我跟別的巴勒斯坦人講話時學來的。所以，語言確實是銘刻記憶的一塊大書板，應該加以激活化和利用。它可以把過去帶進現在再帶往未來，讓它不致消失，不致被扔到記憶洞（memory hole）㉘裡。

知識份子的一個任務就是透過說故事，圖解般說出苦難的性質

•你常常在文學作品裡挖掘可以支持你對記憶的這個觀點。你討論過的一篇小說是波赫士（Borges）的〈豐代斯，他的記憶〉（Funes, His Memory）。㉙另一篇你提到的小說是卡夫卡的〈在流放地〉（In the Penal Colony）。㉚

我在那篇文章中想要談的是某些在美國甚至在歐洲都完全不被欣賞的東西。我談卡夫卡，是爲了說明以色列對於巴勒斯坦人的壓迫到達多麼細密的程度。你要怎樣才能設計一部可以從日到夜折磨人，好讓他們失去生之意願、失去集體意志的機器呢？這就是卡夫卡要揭發的。巴勒斯坦人生活中的每一部份——從上學到上班到上菜市場——都受到以色列部隊的規限。你得先通過一個又一個的檢查站。哪怕是需要就醫，哪怕是病情緊急，你仍然得排幾小時的隊接受檢查。人們往往就這樣死掉。學校經常關閉。單是約旦河西岸就有幾百個檢查站。迦薩地帶形同一座碩大的監獄。它三面都被通電的鐵絲網完全包圍起來（第四面是海）。轟炸、推倒民宅、摧毀農田、拘禁年輕人——以色列用盡一切方法來羞辱和懲罰巴勒斯坦人。

在那篇小說中，卡夫卡顯示出一部狂想的酷刑機器——它可以用針在人的全身上下刺滿文字圖案，讓人生不如死——到頭來怎樣反噬它的操作者和發明者。我想同樣的事情正在以色列上演。以色列軍隊習慣於羞辱巴勒斯坦人，但這種行徑對以色列人的傷害或許還比對巴勒斯坦大，因爲它反而刺激起巴勒斯坦人排除萬難生存下去、抵抗到底的意志。

•你剛才提到記憶洞，而那當然會讓人聯想起歐威爾（George Orwell）。在《流亡的反思》一書中，你有一篇談歐威爾的文章，題目是〈狗中間的觀光〉（Tourism among the Dogs）㉛。

歐威爾的情況很複雜。他是個很有天份的觀察者，對一些苦難深重的人們的處境觀察入微，像他在《通向威根碼頭之路》（*The Road to Wigan Pier*）一書中對礦工的描寫就是個好例子。㉜他是頭一批詳細描寫帝國主義有多麼不人道的作家之一。不過，他同時也是個與自己的觀察對象保持疏離的人。除《向加泰隆尼亞致敬》（*Homage to Catalonia*）一書以外㉝，我們沒看到歐威爾投身過任何政治運動。他晚期得了多疑症，對周遭的人產生一種恨人類的情緒，認爲他們其中一些是「相公」或「赤共份子」。他的作品包含著一種極端不討喜的組合：一方面是對不義的強烈仇視，一方面是對人的憎惡。歐威爾也是個親英派。在他看來，世界的中心是英國。他對印度人或黑人或猶太人都沒什麼好感。他事實是個反猶太主義者，也同時是個相當強烈的反猶太復國主義者。

・英國是他的世界中心，但與此同時他又批判帝國的運作。他寫過他的緬甸經驗。他在那兒當警察，目擊過一次絞刑。㉞

對，他是揭發了不義，但在我看來卻是以一種很有侷限性的方式揭發。我不認爲你讀歐威爾的作品會感覺得到他有追求人類解放的意願。他做的事，是揭發攻擊多於爲人們指出新希望之所寄。他是那種從不會想要與草根性運動有瓜葛的人，也不覺得自己是某種政治事業的一部份。他有一種孤立心態，甚至對他人有一種恨人類的情緒。這種情緒活脫脫表現在《一九八四》，書中每一個角色都是主角潛在的敵人。㉟

・這小說是他最後一部作品，出版於一九四九年。最近，因為布希政府對公民自由的

侵犯和宣示一個永久戰爭紀元的到來，使這本書常常被人提起。

我想你說得沒錯，我們正在邁向一個永久戰爭的紀元。但我不認爲歐威爾提供了一個替代方案。他的遠景是荒涼和狹窄的。我不認爲他對希望、解放、批判性參與和人與人之間的攜手並肩有什麼信仰。人類進步的觀念在他的遠景裡是非常陌生的。

• 你提到的《向加泰隆尼亞致敬》一書是歐威爾對西班牙內戰的報導。它讓我想起德國空軍在一九三七年對巴斯克城鎮格爾尼卡（Guernica）的轟炸。畢卡索以此為題材畫了名畫《格爾尼卡》。在聯合國總部的入口處，原掛著一幅此畫的複製品。諷刺的是，它現在被蓋了起來。顯然，聯合國是不想讓那些大談要摧毀伊拉克的美國官員看到畫中的斷頭殘肢時難堪。

把這幅畫蓋起來，原是不想讓要到安理會演說的鮑爾難堪。人們普遍有一種感覺：任何會讓人聯想到戰爭的死傷或恐怖的東西都應該移除。一切都應該先經過衛生處理，讓它們變成CNN式的報導，也就是說，把戰爭變成一種電子畫面而非活生生的畫面。你會看到的只是一些威風凜凜的武器，它們讓戰爭的恐怖顯得是一件非常遙遠的事情。我想這是一種安撫大衆的方法，讓他們覺得，打仗是無妨的，因爲它不會帶給我們和別人太多死傷。

•如果這種死傷是發生在別人身上，就輕描淡寫稱之為「附屬毀壞」（collateral damage）。

你甚至不一定會看得到那畫面。

•「說故事人」一詞的阿拉伯文作 *hakawati*。**就你多年來在美國述說巴勒斯坦人的故事而言，你就是一個** *hakawati*。**我看到你不斷為這個故事引入新的音符組合、新的和絃結構和新的排列組合。**

讓我驚訝的是巴勒斯坦人的故事總是講不完，是它竟然會經歷那麼多的轉折。事實上，那不是一個有組織性的故事，因爲我們乃是一群無國之民和放逐之人。所以，我們必須以儘可能多的方式把這故事講出去，儘可能持續地講，並以儘可能有說服力的方式去講它。理由無他，只因爲它是個隨時都有可能消失的故事，而這是我們一直害怕的。

在這件事情上，我覺得知識份子的一個任務就是透過說故事，圖解般說出這起苦難的性質，提醒每一個人，我們正在談的是人。我們談的並不是抽象的東西。

•哥大在二〇〇三年一月底辦了一個電影節，名為「一個國家的夢想」（Dreams of a Nation）。其中一齣電影是秀克雷曼（Elia Suleiman）的《交叉命運》（*Divine Intervention*）。電影節的介紹單裡稱他為「當代電影最傑出的其中一位作者／演員／導演」㊱。電影可以作為一種武器嗎？它可以是推進政治訴求的工具嗎？

絕對可以。電影節是我的伊朗裔同事達巴希（Hamid Dabashi）策劃的，他是中東語文系的人。展出的電影大約七十部。特別令人動容的是每一場都座無虛席，很多人都進不了場。

秀克雷曼的電影之所以不尋常，之所以理當引起注意，是因爲它們並不是戰鬥性、宣傳性的——就這個字的嚴格意義來說。相反地，它們是很委婉、很諷刺性的，風格跟巴斯特・基頓（Buster Keaton）或賈克・大地（Jacques Tati）的作品相當相似。有一些涉及以色列部隊和巴勒斯坦人的長長段落是無聲和搞笑的。在電影裡，對佔領經驗的描寫是帶著幽默感的，不是直接把它呈現爲一種苦難。我想，這電影引人注目之處乃是它那種刻意的漫不經心。

•《交叉命運》曾經提交給美國電影學會角逐奧斯卡獎項。後來怎樣了？

它本來是要競逐奧斯卡最佳外語片獎項的，但卻被電影學會拒絕了，理由是沒有一個叫巴勒斯坦的國家。[37]這種事稀鬆尋常。達維希那首談身分證的詩早已觸及這個主題。很多巴勒斯坦人身分證的國籍欄被填寫的不是「巴勒斯坦人」，而是「未定」。這就是巴勒斯坦人今天的地位。每個人都知道巴勒斯坦的存在，但有些人卻拒絕承認它，只願意稱之為「未定」。

•在今日的媒體，你看到的是對帝國主義、對戰爭的公開擁抱，是對美國力量的投射的歡欣鼓舞。

伊格納蒂夫、布特（Max Boot）和威爾（George Will）這些人只是其他人思想的妝點者。他們是帝國的辯護士。他們不是帝國政策的制定者，但他們卻會給帝國的政策加固。他們會粉飾它，給它一種知識的外裝。但他們無一是原創性的思想家。他們是系統的產物，被系統用來為打著美國價值觀旗號的赤裸裸侵略提供包裝。誠如康拉德（Joseph Conrad）㊳所說的：「如果你深入看，就會發現……征服土地並不是一件多光彩的事。」它包含著把鼻子比我們扁和皮膚比我們黑的人的土地給搶走。㊴

• 在康拉德的時代，帝國主義的藉口是開化原始人，又把這種使命稱為「白人的負擔」。今天的說詞則換成「打擊恐怖主義」。

對，就是所謂的「打擊恐怖主義」或「爲民主而戰」。布希說他準備做的事是爲善而打擊惡，是要把民主價值觀、美國價值觀散播給全世界。每個帝國都會做兩件事：一是說自己跟從前的帝國都不同，一是不會用「摧毀」之類的字眼說話，而是反過來。換言之它會說它的目的是要把文明與啓蒙、和平與進步帶給其他人。雖然帝國的辯護士都不會明說，但在他們心裡，被征服者都是次等人。所以，征服他們只是把所有美好的事物帶給他們。康拉德的時代是如此，今天仍然是如此。

一個追求自由、啟蒙與解放的人匯聚之所在

• 今天帝國主義者膽子會那麼大的原因何在?

其中一個理由是缺乏有力和有組織性和持續動員的反制力量。我不會說那是因爲蘇聯的解體。我認爲是知識分子階層的失敗有以致之。知識份子之間都太愛搞小圈圈了，爲定義和雞毛蒜皮的小事爭吵不休，而忽略罔顧了最重要的目標：賽沙爾所說的「勝利的集合點」（the rendezvous of victory），也就是一個追求自由、啓蒙與解放的人匯聚之所在。導致這失敗的其中一個原因是所謂的後現代主義，其中，美國的實用主義和語言分析，以至於法國的解構主義都扮演著非常重要的角色。知識份子階層都對啓蒙和解放的大論述背過身去。布希亞（Jean Baudrillard）㊵告訴我們，啓蒙的時代已經過去了。

另一個關鍵理由是代議民主的失敗。在美國或英國這一類兩黨制國家，在野黨只是遊戲的一個玩家，而不是扮演對立面的角色。對立面的觀念已經從正規的政治舞台上消失了。現在它寄寓在別的地方：大學、教會、工運等等。我想那是一個集

體的奮鬥。我不認爲那可以透過一些明星級的知識份子或在上位的人可以達致，應該是剛好相反。

・弗里曼在二月十三日的《查理・羅斯秀》說了句很有意思的話。他說伊拉克是個「很少美國人了解些什麼的國家。」㊶羅斯沒說什麼，馬上就把話題帶到下一個問題。我覺得弗里曼的話相當有啟發性。

是很有啓發性，比他把話說破還有啓發性。我想他要說的是美國正準備向一個我們幾乎一無所知的國家發動戰爭。

與其透過調和來理解音樂，不如透過不調和

・看看我能不能在音樂裡找出若干類比，因為音樂之於你是非常重要的一部份。你認為商業媒體乃至教育系統是不是已經讓很多美國人變成音盲，無法分辨不同的音符？

對，人們的分析力被痲痹和遲鈍化了。其結果就是，你會馬上就接受容易懂的東西。你忘了一切的複雜性和困難性。

・普盧塔克（Plutarch）[42]說過，想要在音樂中創造和諧，一個人得先要研究不和諧。

阿多諾甚至說過，與其透過調和（consonance）來理解音樂，不如透過不調和。我認爲這有幾分道理。音樂的妙處在於調和與不調和之間的平衡度，其中更大的份量應該是放在不調和與不和諧的一邊，而不是反過來。

我努力生活在差異中

・我知道你不喜歡談自己，但還是想問一下，薩依德的身分為你帶來什麼樣的負擔？你知道自己是被注視的，知道你的一言一行都被盯著看。你覺不覺得累？你會不會寧願彈彈鋼琴或看一場精采的網球賽？

很少。我通常都忙得和累得沒心思想這種事。多年以前我就學會不去多管別人怎麼看我。我每天都得花很大的勁才能把一天的事做完，得病以後更是如此。我接受治療迄今已有九年。雖然身體衰弱和得面對很多、很多的危機，但我還是竭盡所能，把工作持續下去。所以，我必須把焦點放在重要的事，別人怎樣看我在我的優先順序表中位置並不是很高。

•你在回憶錄《鄉關何處》裡寫道：「我偶爾會感覺自己像一束不同水流的集合……我的生活充滿不調和。」㊸

我不認爲我是個一貫、單一的人。我是很多不同的東西組成的。我也沒有企圖在它們之間取得平衡。我不認爲自己有需要補綴一切的差異。我努力生活在差異中。

•我在很多次訪談中都問及你的健康，而你總是說：「我得挺下去。」

相當程度是這樣。我能活到現在，我的醫生居功厥偉。沒有他，我大概四或五年前就已經死掉。他是個有獨創性的人，是個優秀的醫生、傑出的科學家。我身上的疾病是陰險殘忍的，但他在療法上的創意激起我繼續奮戰的意志。我必須說，我享受生命。我愛我周遭的人。我愛教學。從跟我互動的學生身上，我吸取到巨大的能量——但因爲我已經縮減了教學工作，所以這方面的能量也減少了。然而，能夠身爲學術界的一員，能夠身爲追求解放與體諒的政治積極團體的一員，那種感覺還是讓人很振奮。事實上，我想不出來有什麼事情比我做過的那些是我更喜歡做的。

註釋

① Michael Jansen, "Military Is Deliberately Destroying State Structures Built by Palestinians," *Irish Times,* April 16, 2002, p. 9.

② Jansen, "Military Is Deliberately Destroying," p. 9. See also Justin Huggler and Phil Reeves, "What Really Happened When Israeli Forces Went Into Jenin?" *The Independent*（London）, April 25, 2002, pp. 4-7.

③ Mahmoud Darwish, "Identity Card," in *Splinters of Bone,* trans. B.M. Benani（New York: Greenfield Review Press, 1974）, pp. 13-14.

④ Mahmoud Darwish, "A State of Siege," available online at http://www.mafhoum.com/press3/92C10.htm.

⑤ Pablo Neruda, "Explica Algunas Cosas/I'm Explaining a Few Things," in *Selected Poems,* ed. Nathaniel Tarn（New York: Delta, 1972）, pp. 150-55.

⑥〔譯註〕所多瑪是古代巴勒斯坦的一座城市，據《舊約》記載，它因爲邪惡與墮落而被上帝摧毀。

⑦ Tim Rutten, "The Poets Fly Like Doves," *Los Angeles Times,* September 12, 2003, p. 5: 2.

⑧ Seattle Times News Service, "Impact of Old DUI Unclear as GOP Charges Dirty Trick," *Seattle Times,* November 4, 2001, p. A1.

⑨ Peter Ford "Antiwar Movement Awakens over Iraq," *Christian Science Monitor,* February 18, 2003, p. 1; Anastasia Hendrix, Pamela J. Podger, and Steve Rubenstein, "Peaceful S.F. Crowd Protests Stance on Iraq," *San Francisco Chronicle,* February 17, 2003, p. A1.

⑩ Angelique Chrisafis et al., "Millions Worldwide Rally for Peace," *The Guardian*（London）, February 17, 2003, p. 6; Todd Richissin, "Millions March for Peace," *Baltimore Sun*, February 16, 2003, p.A1.

⑪〔譯註〕讀者可把這個字理解爲「阿拉伯人的街頭意見」。

⑫ David Barsamian, *The Decline and Fall of Public Broadcasting*（Cambridge: South End Press, 2001）.

⑬"Size of protest — it's like deciding, well, I'm going to decide policy based upon a focus group," Bush said. "The role of a leader is to decide policy based upon the security, in this case, the security of the people." Quoted in Richard W. Stevenson, "Antiwar Protests Fail to Sway Bush on Plans for Iraq," *Mew York Times,* February 19, 2003, p. A1.

⑭ David E. Sanger, "Bush Tells Critics Hussein Could Strike at Any Time," *New York Times,* October 6, 2002, p. 1: 22.

⑮〔譯註〕「震懾行動」是指美國在對伊拉克展開地面戰前進行的大規模密集飛彈和轟炸攻擊。

⑯〔譯註〕利用速度或火力上的優勢突然襲擊，對敵軍造成心理上的震動使之瓦解的戰術。這是納粹德國擅長的戰術，以色列亦曾在一九六七年的六日戰爭和其他場合使用之。

⑰ Dan Plesch, "Operation Regime Change," *The Guardian*（London）, February 19, 2003, p. 17.

⑱〔譯註〕德勒斯登爲德國城市，第二次世界大戰晚期英美曾出動八百架飛機對之進行大規模轟炸，城市幾乎全毀。

⑲ James Bennet, "Palestinian Subdued and Shot, Yet His Bomb Kills Three," *New York Times,* October 28, 2002, p. A3.

194

⑳ Justin Brown, "Saddam's Rise Puts Pressure on US Officials," *Christian Science Monitor,* September 21, 2000, p. 1.

㉑ Claire Sanders, "Harvard Drops Paulin's Talk," *Times Higher Education Supplement,* November 15, 2002, p. 52. See also Claire Sanders, "Harvard Makes U-turn and Asks Paulin Back," *Times Higher Education Supplement,* November 22, 2002, p. 48.

㉒ See Tanya Schevitz, "Professors Want Own Names Put on Mideast Blacklist," *San Francisco Chronicle,* September 28, 2002, p. A2.

㉓ Martin Kramer, "The Columbia Club of Middle Eastern Studies," http://www.MartinKramer.org, November 5, 2002.

㉔〔譯註〕伊斯蘭教是各大宗教中唯一在聖典裡要求信徒寬容其他宗教的，認爲其他宗教的信徒皆爲「《古蘭經》之民」。

㉕〔譯註〕《猶太人賢士議定書》是十九世紀俄國祕密警察爲誣告猶太人「陰謀」統治世界而杜撰的文件，是反猶太主義所依據的重要文件，曾被納粹黨作爲反猶太的聖典。

David Barsamian, *The Decline and Fall of Public Broadcasting*（Cambridge: South End Press, 2001）.

㉖ Stephen Kinzer, "Armenia Never Forgets. Maybe It Should," *New York Times,* October 4, 1998, p. 4: 16.

㉗ Milan Kundera, *The Book of Laughter and Forgetting,* trans. Aaron Asher（New York: HarperPerennial, 1999）, p. 3.

㉘〔譯註〕歐威爾小說《一九八四》裡一種奇想的洞孔，供人丟棄「不應該」保留的紙張文件，是極權政府箝制人民思想的一種設施。一棟辦公大樓裡會有成千上萬這種洞孔，紙張丟進去後，會有一股氣流把它捲

到大樓底部的大熔爐去。

㉙ Jorge Luis Borges, "Funes, His Memory," in *Collected Fictions,* trans. Andrew Hurley（New York: Penguin, 1999）, pp. 131-370. See also "Unresolved Geographies, Embattled Landscapes," lecture by Edward W. Said, Hampshire College, Amherst, MA, September 17, 1999. Text available from Alternative Radio.

㉚ Franz Kafka, "In The Penal Colony," in *The Complete Stories*（New York: Schocken, 1995）, pp. 140-67. See also Edward W. Said, "Punishment by Detail," *Al-Ahram Weekly,* August 8-14, 2002.

㉛ Edward W. Said, "Tourism Among the Dogs," in *Reflections on Exile and Other Essays*（Cambridge: Harvard University Press, 2002）, pp. 93-97.

㉜ George Orwell, *The Road to Wigan Pier*（New York: Harvest Books, 1973）.

㉝ George Orwell, *Homage to Catalonia*（New York: Harvest Books, 1987）.

㉞ George Orwell, "A Hanging," in *Essays,* ed. John Carey（New York: Knopf/Everyman's Library, 1996）, pp. 16-20.

㉟ George Orwell, *1984*（New York: Knopf, 1992）.

㊱ Divine Intervention, dir. Elia Suleiman（New York: Avatar Films, 2002）.

㊲ Stuart Klawans, "The Eastern Front: Films of the Present Conflict," *Nation,* February 10, 2003, p. 34.

㊳〔譯註〕康拉德：英國小說家，《黑暗之心》作者。

㊴ Joseph Conrad, *Heart of Darkness*（New York: Penguin, 1999）, p. 31.

㊵〔譯註〕法國後現代主義思想家。

㊶ Thomas Friedman, "Thomas Friedman on Iraq and the UN," interview by Charlie Roes, PBS, *The Charlie Rose Show*, February 13, 2003. Online at http://www.charlierose.com/archives/archive.shtm.

㊷〔譯註〕羅馬帝國時代的古典作家之一。

㊸ Edward W. Said, *Out of Place: A Memoir*（New York: Vintage Books, 2000）, p. 295.

英國託管時期的巴勒斯坦

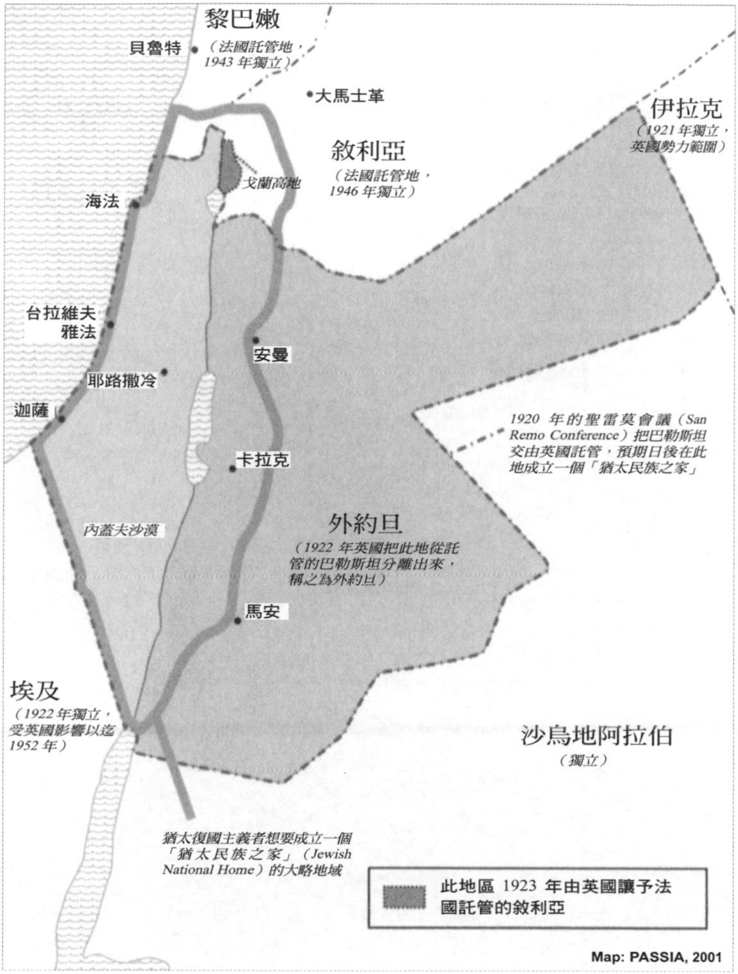

13-1

地圖來源: Palestinian Academic Society for the Study of International Affairs (PASSIA), *The Palestine Question in Maps: 1878-2000* (Jerusalem: PASSIA, 2002). Maps also available online at http://www.passia.org.

1947 年巴勒斯坦土地的控有狀況和聯合國的分治計畫

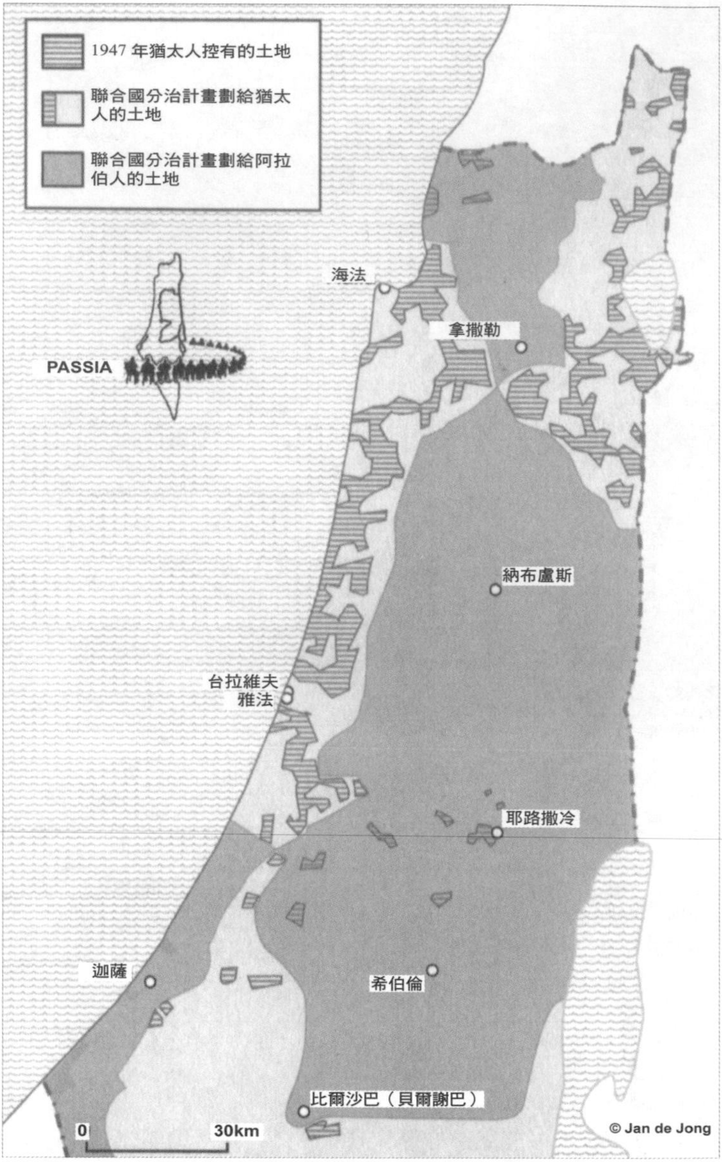

13-2

在 1948 年被以色列夷為平地的巴勒斯坦村莊

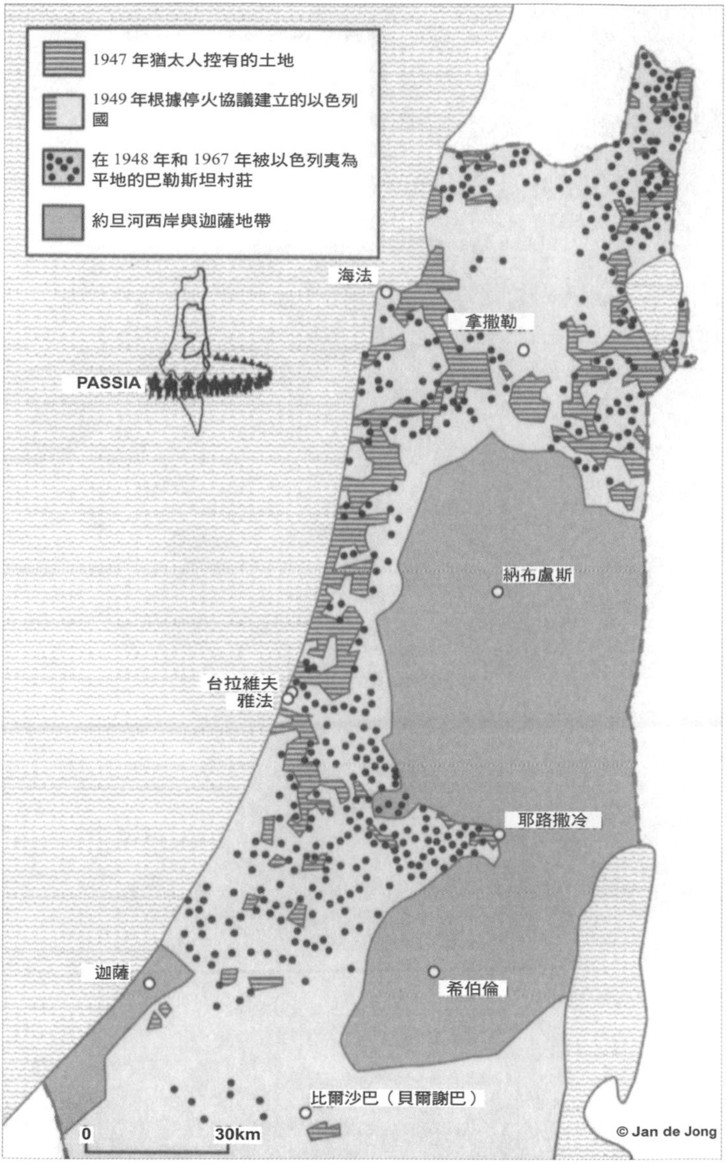

過渡協議（奧斯陸第二協議），1995 年 9 月 28 日

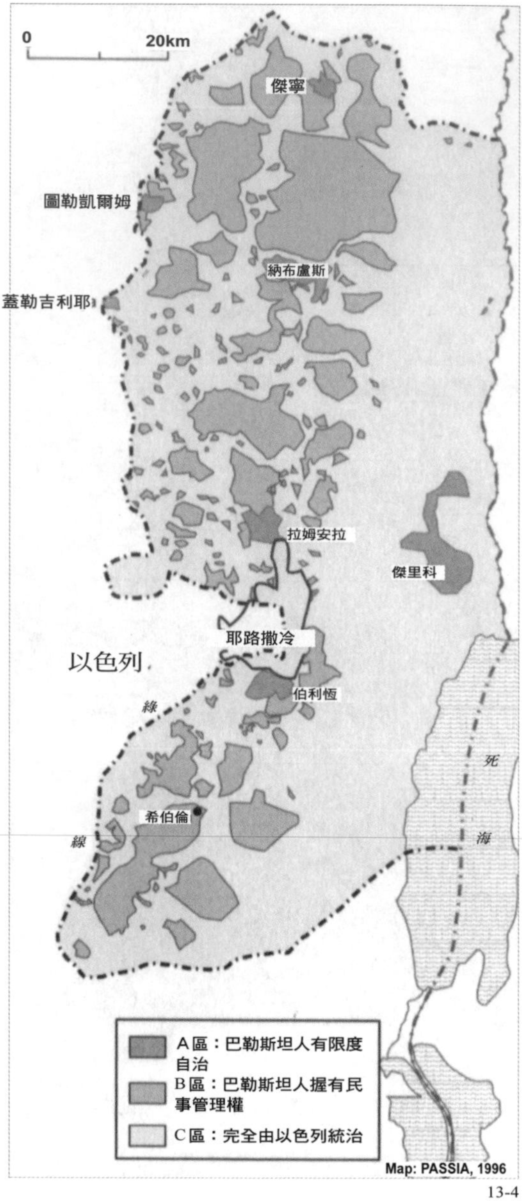

13-4

瓦伊備忘錄（Wye River Memorandum），1998 年 10 月 23 日

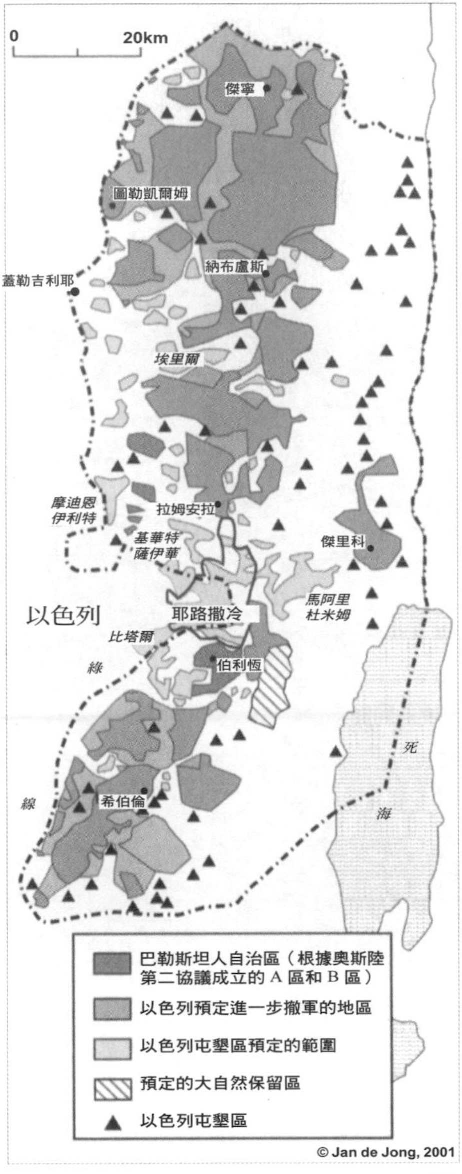

沙姆沙伊赫協議（Sharm Esh-Sheikh Agreement），1999 年 9 月 4 日

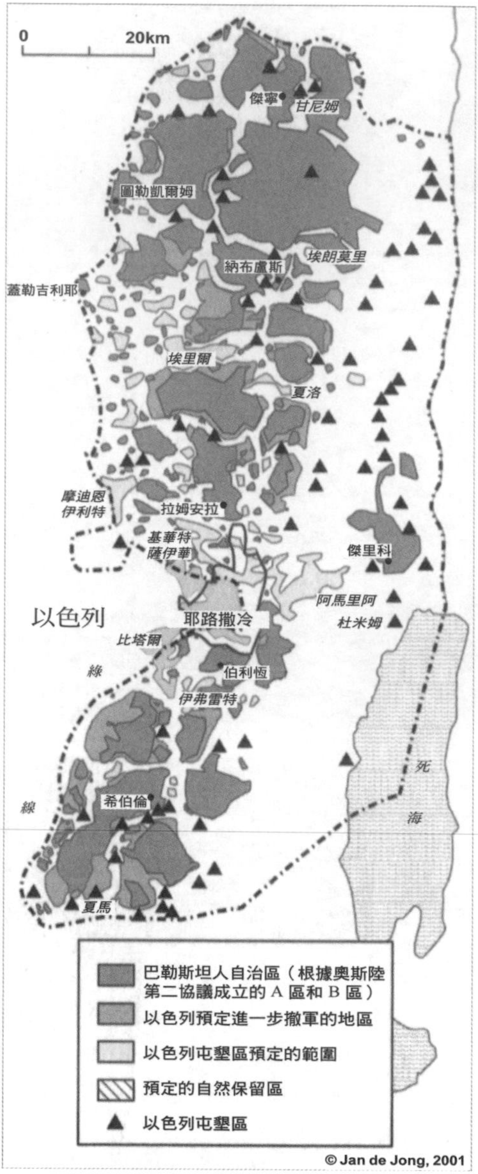

大衛營方案，2000 年 7 月

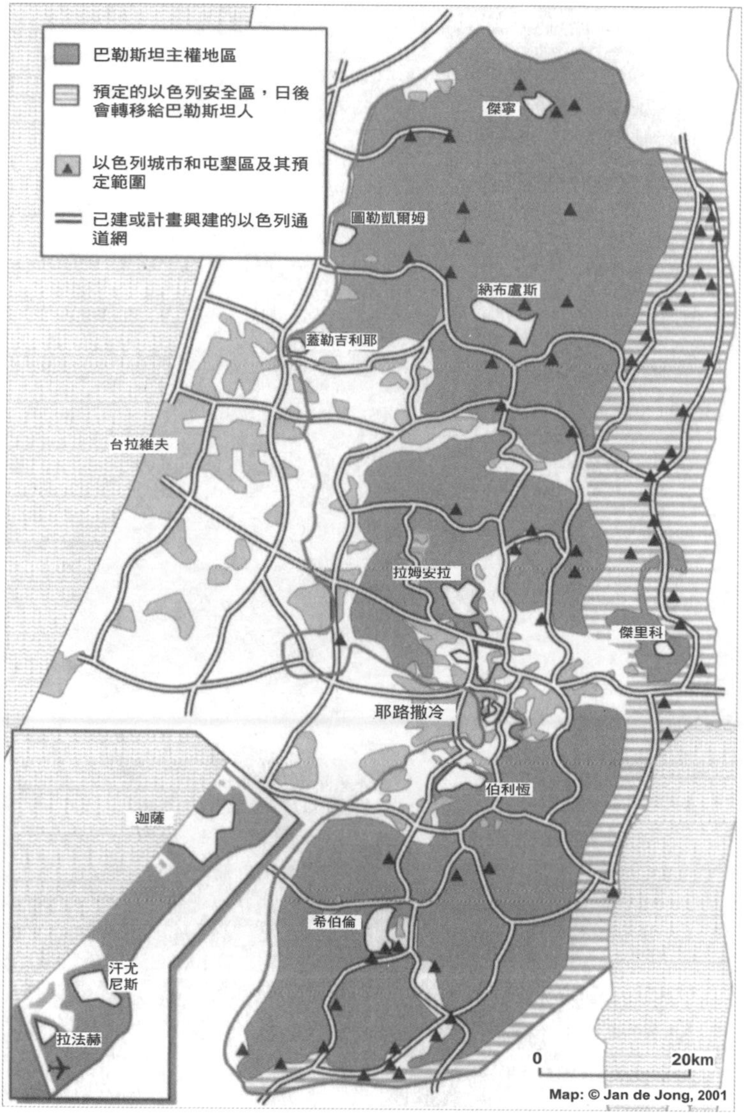
巴勒斯坦主權地區
預定的以色列安全區，日後會轉移給巴勒斯坦人
以色列城市和屯墾區及其預定範圍
已建或計畫興建的以色列通道網
傑寧
圖勒凱爾姆
納布盧斯
蓋勒吉利耶
台拉維夫
拉姆安拉
傑里科
耶路撒冷
伯利恆
迦薩
希伯倫
汗尤尼斯
拉法赫
0
20km
Map: © Jan de Jong, 2001

塔巴談判（TABA Talks）構想，2001 年 1 月

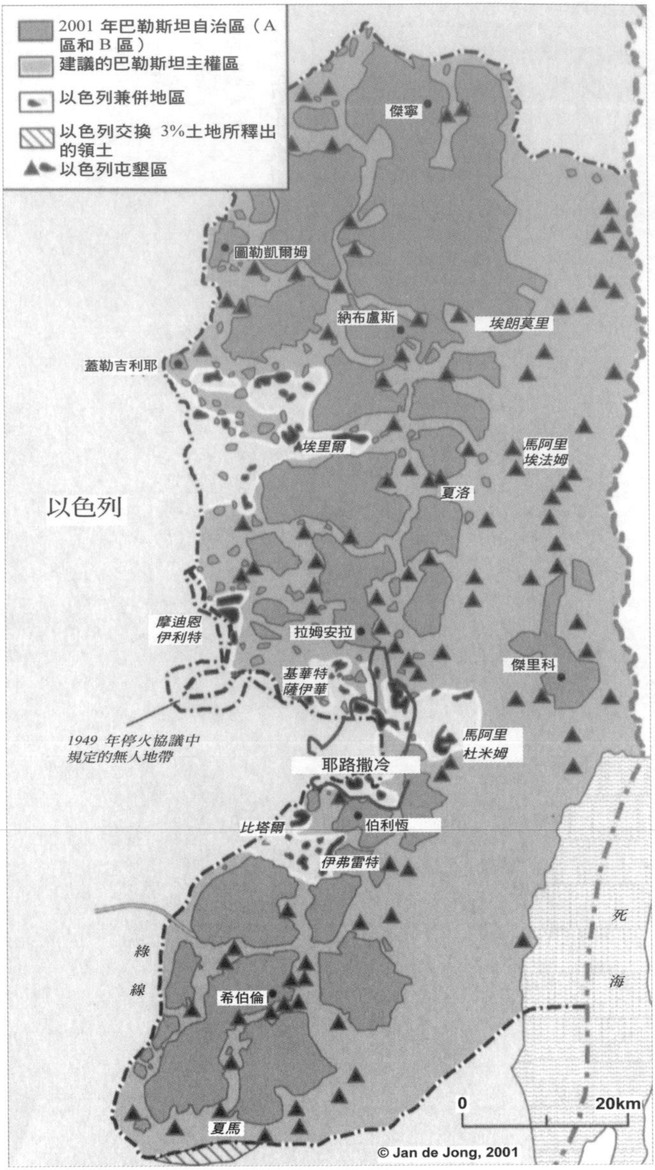

塔巴談判，2001 年 1 月（迄今有效）

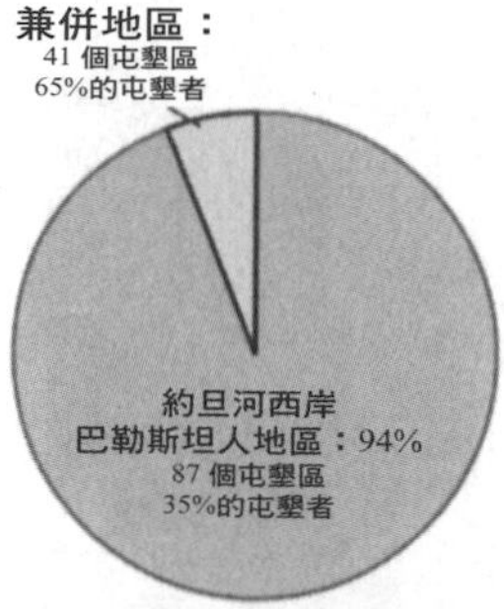

約旦河西岸（不含東耶路撒冷）以色列屯墾區的數目和屯墾者人數比例

歷史比較

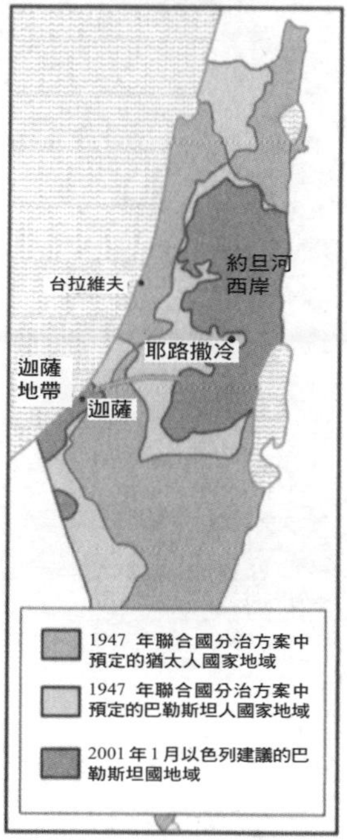

夏隆提議，2001 年春天

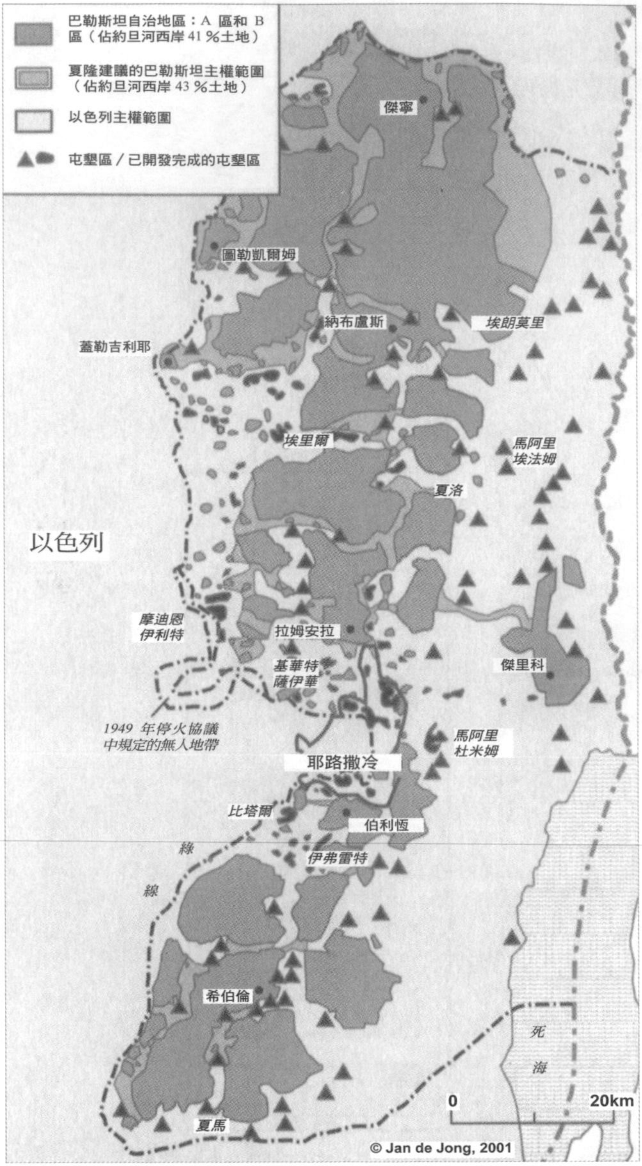

巴勒斯坦自治地區：A 區和 B 區（佔約旦河西岸 41 %土地）
夏隆建議的巴勒斯坦主權範圍（佔約旦河西岸 43 %土地）
以色列主權範圍
屯墾區／已開發完成的屯墾區
傑寧
圖勒凱爾姆
納布盧斯
埃朗莫里
蓋勒吉利耶
埃里爾
馬阿里
埃法姆
夏洛
以色列
摩迪恩
伊利特
拉姆安拉
基華特
薩伊華
傑里科
1949 年停火協議
中規定的無人地帶
馬阿里
杜米姆
耶路撒冷
比塔爾
伯利恆
伊弗雷特
綠
線
希伯倫
死
海
0
20km
夏馬
© Jan de Jong, 2001

夏隆提議，2001 年春天（迄今有效）

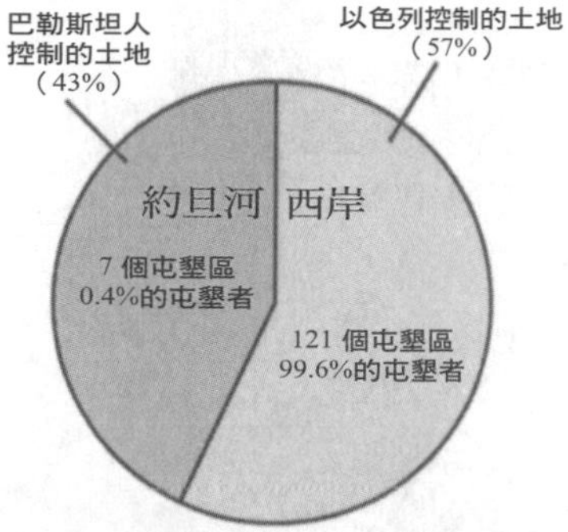

約旦河西岸（不含東耶路撒冷）
以色列屯墾區的數目和屯墾者人
數比例

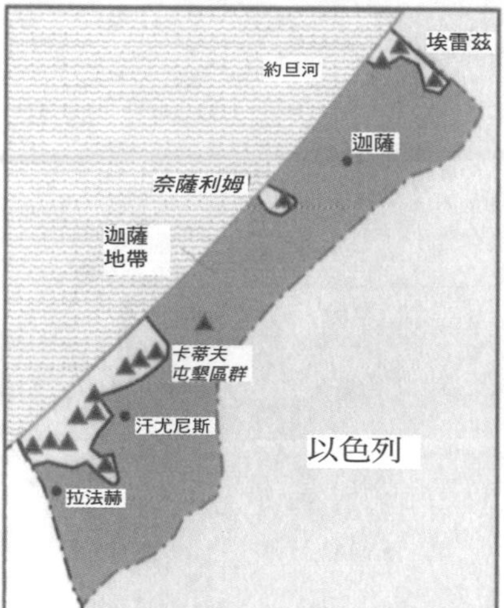

耶路撒冷市界：1947～2000

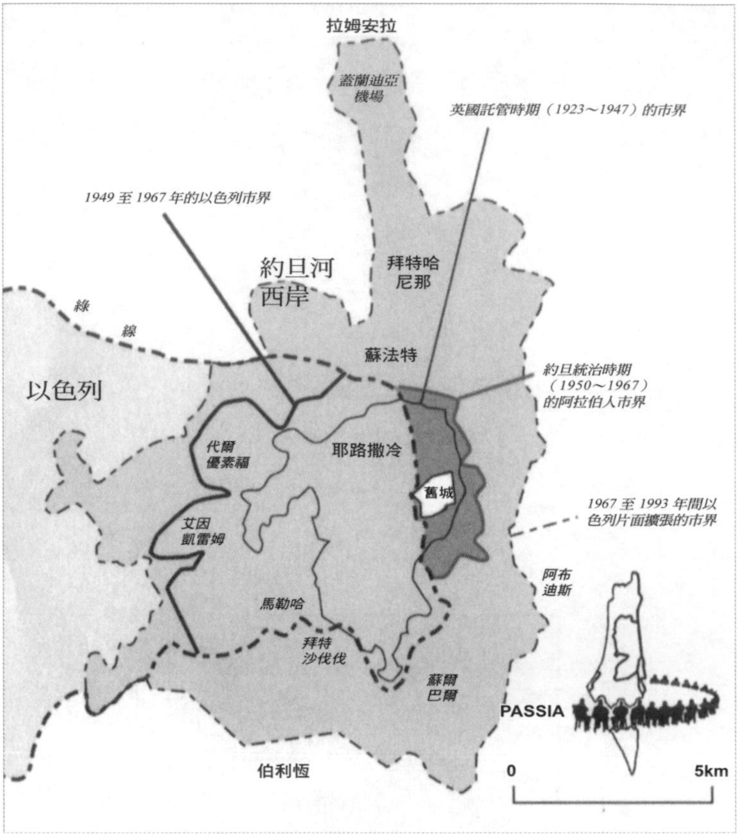
拉姆安拉
蓋蘭迪亞
機場
英國託管時期（1923～1947）的市界
1949 至 1967 年的以色列市界
約旦河
西岸
拜特哈
尼那
綠
線
蘇法特
以色列
約旦統治時期
（1950～1967）
的阿拉伯人市界
代爾
優素福
耶路撒冷
舊城
1967 至 1993 年間以
色列片面擴張的市界
艾因
凱雷姆
阿布
迪斯
馬勒哈
拜特
沙伐伐
蘇爾
巴爾
PASSIA
伯利恆
0
5km

2000 年 7 月以色列在大衛營就耶路撒冷的最終地位所作的建議

以色列建議的大耶路撒冷的範圍（2000 年 7 月）
以色列建議的巴勒斯坦人耶路撒冷的範圍（2000 年 7 月）
目前已開發完成的巴勒斯坦人居住區
目前已開發完成的以色列人居住區／興建中的以色列人居住區
OFRA
BET EL
拉姆安拉
PSAGOT
GIV'ON
Kufr Aqab
KOCHAV YA'AKOV
GIV'AT ZE'EV
ATAROT
Jaba
Bir Nabala
Ar-Ram
HAR SHMUEL
ADAM
Beit Hanina
Hizma
ALMON
以色列人的大耶路撒冷
MA'ALE MICHMAS
ADUMIM
KFAR ADUMIM
MITZPE YERIHO
Shu'fat
Anata
RAMOT
Issawiyya
MA'ALE ADUMIM
Wadi Joz
Az-Za'im
At-Tur
舊城
Al-Izzariyya
Silwan
Abu Dis
KEDAR
Beit Safafa
TALPIOT
Sur Baher
GILO
HAR HOMA
巴勒斯坦人的耶路撒冷
伯利恆
ETZION
EFRATA
Map: © Jan de Jong, 2000

〈附錄〉

愛德華．薩依德主要著作及參考文獻

二〇〇二．《並行與弔詭：音樂與社會之探索》

Parallels and Paradoxes: Explorations in Music and Society. With Daniel Barenboim. New York: Pantheon Books, 2002.

．《流亡之反思及其他論文》

Reflections on Exile and Other Essays. Cambridge: Harvard University Press, 2002.

．《權力、政治和文化：薩依德訪談錄》

Power, Politics, and Culture: Interviews with Edward W. Said. Edited by Gauri Viswanathan. New York: Vintage Books, 2002.

二〇〇一・《和平進程的終點：奧斯陸協議和之後》（新版）

The End of the Peace Process: Oslo and After. New York: Knopf, 2001.

二〇〇〇・〈記憶的殘酷性〉

"The Cruelty of Memory." *New York Review of Books* (November 30, 2000) 47 (19): 46-50.

・《愛德華・薩依德讀本》

The Edward Said Reader. Edited by Moustafa Bayoumi and Andrew Rubin. New York: Vintage Books, 2000.

・《和平進程的終點：奧斯陸協議和之後》

The End of the Peace Process: Oslo and After. New York: Pantheon Books; London: Granta, 2000.

・〈圍困中的巴勒斯坦人〉

"Palestinians Under Siege." *London Review of Books* (December 14, 2000) 22 (24): 9-10, 12-14.

一九九九・〈愛德華・薩依德訪談〉
"Edward W. Said." Interview by David Barsamian. *The Progressive* (April 1999) 63 (4): 34-38.

・〈伊克巴・阿馬德，一九三三～一九九九〉
"Eqbal Ahmad, 1933-99." *The Nation* (May 31, 1999) 268(20): 6-7.

・〈離開巴勒斯坦〉
"Leaving Palestine." *New York Review of Books* (September 23, 1999) 46 (14): 35-38.

・〈單一國家方案〉
"The One-State Solution." *New York Times Magazine* (January 10, 1999): 36-39.

・《鄉關何處：回憶錄》
Out of Place: A Memoir. New York: Knopf, 1999.

一九九七・《遮蔽的伊斯蘭：西方媒體眼中的穆斯林世界》（增訂版）
Covering Islam: How the Media and the Experts Determine How We See the Rest of the World. Updated and revised edition. New York: Vintage, 1997.

・〈希伯倫協定的真義〉

"The Real Meaning of the Hebron Agreement." *Journal of Palestine Studies* (Spring 1997) 26 (3): 31-36.

一九九六・〈對抗背叛、絕望的抗暴行動〉

"An Intifada Against Betrayal, Despair." *Los Angeles Times*(October 2, 1996): B9.

・〈進退失據的戰爭與和平：阿拉法特的巴勒斯坦〉

"Lost Between War and Peace: In Arafat's Palestine."*London Review of Books* (September 5,1996) 18 (17): 10-15.

一九九五・《和平及其不滿：中東和平進程中的巴勒斯坦》

Peace and Its Discontents: Essays on Palestine in the Middle East Peace Process. New York: Vintage, 1995.

一九九四・〈論達維希〉

"On Mahmoud Darwish." *Grand Street* (Winter 1994) 12(4): 112-115.

・《筆與劍：薩依德訪談錄》

The Pen and the Sword: Conversations with David Barsamian. Monroe, Maine: Common Courage Press, 1994.

・《流離失所的政治：巴勒斯坦自決的奮鬥，一九六九～一九九四》

The Politics of Dispossession: The Struggle for Palestinian Self-Determination, 1969-1994. New York: Pantheon Books, 1994.

・《知識份子論：一九九三年李思系列演講》

Representations of the Intellectual: The 1993 Reith Lectures. New York: Pantheon Books, 1994.

・〈對阿拉法特政策的另一想法〉

"Second Thoughts on Arafat's Deal." *Harper's Magazine* (January 1994) 288 (1724): 15-18.

一九九三・《文化與帝國主義》

Culture and Imperialism. New York: Alfred A. Knopf.

・〈一紙巴勒斯坦的凡爾賽合約〉

"A Palestinian Versailles." *Progressive* (December 1993) 57(12): 22-26.

一九九一・《音樂之闡發》

Musical Elaborations. The Wellek Library Lectures at the University of California, Irvine. New York: Columbia University Press, 1991.

・《認同・權威・自由：君主與旅人》

Identity, Authority and Freedom: The Potentate and the Traveller. Cape Town: University of Cape Town.

一九八九・〈C. L. R. 詹姆斯：超越邊界的生活〉

"C.L.R. James: A Life Beyond the Boundaries." *Washington Post* (March 5, 1989).

一九八八・《歸咎受害者：贗造的知識與巴勒斯坦問題》

Blaming the Victims: Spurious Scholarship and the Palestinian Question. Edited with Christopher Hitchens. London: Verso, 1988.

一九八六・《最後的天空之後：巴勒斯坦眾生相》

After the Last Sky: Palestinian Lives. Photographs by Jean Mohr. New York: Pantheon; London: Faber, 1986.

一九八五・〈東方主義的重新省思〉

"Orientalism Reconsidered." *Cultural Critique* (Fall 1985) 1: 89-107.

一九八三・《巴勒斯坦民族側寫》

A Profile of the Palestinian People. With Ibrahim Abu-Lughod, Janet L. Abu-Lughod, Muhammad Hallaj, and Elia Zureik. Chicago: Palestine Human Rights Campaign,1983

・《世界、文本和批評家》

The World, the Text, and the Critic. Cambridge: Harvard University Press, 1983.

一九七九・《巴勒斯坦問題》

The Question of Palestine. New York Times Books, 1979; London: Routltdge & Kegan Paul, 1980; New York: Vintage Books, 1992

・《巴勒斯坦問題與美國脈絡》

The Palestine Question and the American Context. Beirut: Institute for Palestine Studies.

一九七八・《東方主義》

Orientalism. New York: Pantheon Books; London: Routledge & Kegan Paul; Toronto: Random House,1978.

一九七五・《開始：意圖和方法》

Beginnings: Intention and Method. New York: Basic Books, 1975. Paperback edition, Columbia University Press, 1987.

一九七〇・〈巴勒斯坦經驗〉

"The Palestinian Experience." In Herbert Mason, ed., *Reflections on the Middle East Crisis,* pp. 127-147. Studies in the Behavioral Sciences, 7. The Hague & Paris: Mouton, 1970.

一九六七・〈被定型的阿拉伯人〉

"The Arab Portrayed." In Ibrahim Abu-Lughod, ed., *The Arab-Israeli Confrontation of June 1967: An Arab Perspective*, pp.1-9. Evanston, Ill.: Northwestern University Press, 1970.

一九六六・《康拉德與自傳小說》

Joseph Conrad and the Fiction of Autobiography. Cambridge: Harvard University Press; London: Oxford University Press, 1966.

〈人名索引〉

條目後的頁碼係原著頁碼
檢索時請查正文頁下邊的數碼

A

B

C

D

E

F

G

H

I

J

K

L

M

N

O

P

〈名詞索引〉

條目後的頁碼係原著頁碼
檢索時請查正文頁下邊的數碼

A

D

E

M

N

O

T

U

V

W

Z

內容簡介

「巴勒斯坦之音」——薩依德最後的發聲

本書是愛德華・薩依德（Edward W. Said）生前最後的文獻，薩依德於二〇〇三年九月二十五日因白血病逝世，本書於同年底出版，是他生前最後幾年接受美國知名媒體人巴薩米安（David Barsamian）的系列訪談。

最早一篇始於一九九九年二月八日，最後一篇完成於二〇〇三年二月二十五日。其中經歷九一一恐怖攻擊事件，正是美國與伊斯蘭世界多事之秋。

一九六九年以色列總理梅爾夫人的一番話：「看來沒有巴勒斯坦人這回事，……他們並不存在。」惹惱了這位當代大知識分子，自那以後薩依德以強大的言論火力，捍衛巴勒斯坦建國運動，成為該運動在西方的代言人。他高分貝的發言，並以其學術界的傑出成就，其巨大的影響力有如傳播網之發音，因此被喻為「巴勒斯坦之音」。

薩依德是當代最傑出的文化評論家，也是西方學術界卓然特立的知識分子典型，兼具學者、美學家、媒體與國際政治觀察家、政治異議分子等多重角色，著述不輟，尤以「東方學論述」望重士林，開啟二十世末葉的後殖民思潮。其《東方主義》、《文化與帝國主義》可稱為他在文化研究工作上的雙璧。

自一九九九年起巴薩米安與薩依德進行一系列的訪談，訪談記錄編輯成為本書。所有的訪談都是在科羅拉多州博爾德市的KGNU電台播放，KGNU是美國首要的社區電台之一，其中兩個訪談曾經全國性放送，一次是透過「替代電台」（Alternative Radio），一次是透過「接觸」電台（Making Contact）。最後的訪談是在二〇〇三年二月，半年後，薩依德即因糾纏十餘年的白血病逝世，舉世知識界痛為哀悼，《文化與抵抗》成為這位「巴勒斯坦之音」最後的發聲。

多年來薩依德為巴勒斯坦所做的努力，讓他付出不少代價，他被污衊為「散播恐怖的教授」。猶太人防衛聯盟稱他為納粹，他的辦公室被縱火，收到數不勝數的死亡恐嚇。

與巴薩米安的這一系列訪談，主題包含：反恐戰爭、美伊戰爭、以巴衝突，乃至於當代的巴勒斯坦詩歌。「文化是一種抵抗滅絕和被抹拭的方法。」薩依德說明了大眾抵抗對文化、歷史、社會變遷的核心性，特別是對巴勒斯坦人的追求——追求被承認和公道——的核心性。

沒有種族能獨占美、智與力
而在勝利的集合點上
所有種族都會有一席之位

作者簡介

愛德華・薩依德（Edward W. Said）

當代最具影響力的文學與文化評論大師、後殖民思潮先驅、也是一位特立獨行的集大成人物。

薩依德一九三五年出生於巴勒斯坦的耶路撒冷，一九五〇年代赴美國，取得哈佛大學博士，一九六三年起任教哥倫比亞大學英國文學與比較文學研究所，這位知名的巴裔美籍學者，也公認為是巴勒斯坦獨立運動在西方最雄辯的代言人。二〇〇三年九月二十四日薩依德因白血病逝世。

薩依德著作等身，尤以「中東三部曲」：《東方主義》（*Orientalism*）、《巴勒斯坦問題》（*The Question of Palestine*）、《遮蔽的伊斯蘭》（*Covering Islam*）開啟「東方學論述」場域，影響了整個西方對東方研究的思考與研究的方向。薩依德尚著有《世界、文本與批評者》（*The World, the Text, and the Critic*）、《薩依德的流亡者之書》（*After the Last Sky*）、《文化與帝國主義》（*Culture and Imperialism*）以及他的回憶錄《鄉關何處》（*Out of Place*）等書。

巴薩米安（David Barsamian）

科羅拉多州博爾德市「替代性電台」（Alternative Radio）的創辦人及台長。他的作品包括《公共廣播衰亡史》（*The Decline and Fall of Public Broadcasting*）、《宣傳與公共心靈：與杭士基談話錄》（*Propaganda and the Public Mind: Conversations with Noam Chomsky*）和《阿馬德：直面帝國》（*Eqbal Ahmad: Confronting Empire*）。較早作品有薩依德的訪談錄《筆與劍》（*The Pen and the Sword*）和好幾本杭士基的訪談錄，包括《共同善》（*Common Good*）、《階級福利》（*Class Walfare*）和《異議編年史》（*Chronicles of Dissent*）等。

譯者簡介

梁永安

台灣大學文化人類學學士、哲學碩士，東海大學哲學博士班肄業。目前為專業翻譯者，共完成約近百本譯著，包括《文化與抵抗》（*Culture and Resistance* / Edward W. Said）、《啟蒙運動》（*The Enlightenment* / Peter Gay）、《現代主義》（Modernism: The Lure of Heresy / Peter Gay）等。

國家圖書館出版品預行編目(CIP)資料

文化與抵抗/ 愛德華．薩依德(Edward W. Said)、巴薩米安(David Barsamian)作；梁永安譯 -- 二版 -- 新北市：立緒文化, 民111.08
面；　公分. --（新世紀叢書）
譯自：Culture and resistance : conversations with Edward W. Said
ISBN 978-986-360-195-1（平裝）

1.薩依德(Said, Edward W.) 2.訪談 3.民族文化 4.中東問題 5.國際衝突

735　　111011446

文化與抵抗

Culture and Resistance: Conversations With Edward W. Said

出版——立緒文化事業有限公司（於中華民國 84 年元月由郝碧蓮、鍾惠民創辦）
作者——愛德華．薩依德（Edward W. Said）、巴薩米安（David Barsamian）
譯者——梁永安

發行人——郝碧蓮
顧問——鍾惠民

地址——新北市新店區中央六街 62 號 1 樓
電話—— (02) 2219-2173
傳真—— (02) 2219-4998
E-mail Address —— service@ncp.com.tw
劃撥帳號—— 1839142-0 號 立緒文化事業有限公司帳戶
行政院新聞局局版臺業字第 6426 號

總經銷——大和書報圖書股份有限公司
電話—— (02) 8990-2588
傳真—— (02) 2290-1658
地址——新北市新莊區五工五路 2 號
排版——伊甸社會福利基金會附設電腦排版
印刷——尖端數位印刷有限公司

法律顧問——敦旭法律事務所吳展旭律師

分類號碼—— 735
ISBN —— 978-986-360-195-1
出版日期——中華民國 93 年 8 月～ 96 年 9 月初版 一～二刷（1 ～ 5,000）
中華民國 111 年 8 月二版 一刷（1 ～ 800）

定價◎ 350 元（平裝）

年度好書在立緒

文化與抵抗
● 2004年聯合報讀書人最佳書獎

威瑪文化
● 2003年聯合報讀書人最佳書獎

在文學徬徨的年代
● 2002年中央日報十大好書獎

上癮五百年
● 2002年中央日報十大好書獎

遮蔽的伊斯蘭
● 2002年聯合報讀書人最佳書獎
● News98張大春泡新聞2002年好書推薦

弗洛依德傳
（弗洛依德傳共三冊）
● 2002年聯合報讀書人最佳書獎

以撒・柏林傳
● 2001年中央日報十大好書獎

宗教經驗之種種
● 2001年博客來網路書店年度十大選書

文化與帝國主義
● 2001年聯合報讀書人最佳書獎

鄉關何處
● 2000年聯合報讀書人最佳書獎
● 2000年中央日報十大好書獎

東方主義
● 1999年聯合報讀書人最佳書獎

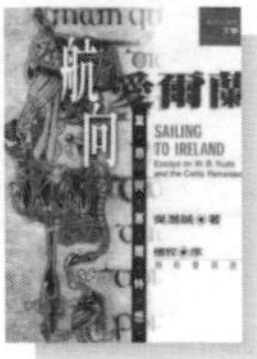

航向愛爾蘭
● 1999年聯合報讀書人最佳書獎
● 1999年中央日報十大好書獎

深河(第二版)
● 1999年中國時報開卷十大好書獎

田野圖像
● 1999年聯合報讀書人最佳書獎
● 1999年中央日報十大好書獎

西方正典(全二冊)
● 1998年聯合報讀書人最佳書獎

神話的力量
● 1995年聯合報讀書人最佳書獎

大揚文化 閱讀卡

姓　名：

地　址：□□□

電　話：(　　)　　傳　眞：(　　)

E-mail：

您購買的書名：________________

購書書店：________市（縣）____________書店

■您習慣以何種方式購書？

□逛書店 □劃撥郵購 □電話訂購 □傳真訂購 □銷售人員推薦
□團體訂購 □網路訂購 □讀書會 □演講活動 □其他______

■您從何處得知本書消息？

□書店 □報章雜誌 □廣播節目 □電視節目 □銷售人員推薦
□師友介紹 □廣告信函 □書訊 □網路 □其他________

■您的基本資料：

性別：□男 □女　婚姻：□已婚 □未婚　年齡：民國______年次

職業：□製造業 □銷售業 □金融業 □資訊業 □學生
□大眾傳播 □自由業 □服務業 □軍警 □公 □教 □家管
□其他______________

教育程度：□高中以下 □專科 □大學 □研究所及以上

建議事項：

愛戀智慧 閱讀大師

廣	告	回	信
北區郵政管理局登記證 北 臺 字 8 4 4 8號			
免	貼	郵	票

立緒文化事業有限公司　收

新北市 2 3 1

新店區中央六街62號一樓

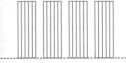

請沿虛線摺下裝訂，謝謝！

立緒文化 閱讀卡

感謝您購買立緒文化的書籍

為提供讀者更好的服務，現在填妥各項資訊，寄回閱讀卡（免貼郵票），或者歡迎上網http://www.facebook.com/ncp231即可收到最新書訊及不定期優惠訊息。